抖音、快手短视频运营一本通：
视频创作+建号引流+推广变现+直播带货

赵 程 编著

·北京·

内 容 提 要

怎样进行短视频的优质创作？新手小白如何创建账号并精通平台规则？如何打造爆款借流量吸引更多关注？怎样通过视频进行全方面的变现？主播应提前掌握哪些直播带货技巧？怎样利用直播间提高带货转化率？以上这些问题，你都可以从本书中找到答案，即使是短视频"小白"，也可以成为短视频运营达人。

笔者作为新媒体营销专家和短视频研究专家，在抖音、快手逐渐成为电商化头部平台的这条道路上，探索出了一系列关于短视频的视频创作、建号引流、推广变现、直播带货的技巧，最终将这些成果汇集成了本书内容。

书中通过视频拍摄、视频剪辑、视频创作、账号运营、吸粉技巧、营销推广、电商变现、其他变现、直播技巧和直播带货 10 个方面对短视频运营等相关内容进行了专业、详细的分析，帮助大家快速学会如何运营短视频平台，成为一名合格的电商运营者。

本书不仅适合粉丝数比较少的抖音号、快手号的运营者，助力他们成长为"大 V"，而且适合缺乏素材的抖音号、快手号的运营者，他们可以从书中学习打造爆款短视频的技巧，进而为获得大量粉丝的关注打下基础。同时，本书也可以用作院校或短视频培训机构的教学用书。

图书在版编目（CIP）数据

抖音、快手短视频运营一本通：视频创作＋建号引流＋
推广变现＋直播带货 / 赵程编著 . —北京：中国水利
水电出版社，2024.5

ISBN 978-7-5226-2247-7

Ⅰ．①抖… Ⅱ．①赵… Ⅲ．①网络营销 Ⅳ．
① F713.365.2

中国国家版本馆 CIP 数据核字（2024）第 056163 号

书　　名	抖音、快手短视频运营一本通：视频创作＋建号引流＋推广变现＋直播带货 DOUYIN KUAISHOU DUANSHIPIN YUNYING YIBENTONG: SHIPIN CHUANGZUO + JIANHAO YINLIU + TUIGUANG BIANXIAN + ZHIBO DAIHUO
作　　者	赵程　编著
出版发行	中国水利水电出版社 （北京市海淀区玉渊潭南路 1 号 D 座 100038） 网址：http://www.waterpub.com.cn E-mail：zhiboshangshu@163.com 电话：（010）62572966-2205/2266/2201（营销中心）
经　　售	北京科水图书销售有限公司 电话：（010）68545874、63202643 全国各地新华书店和相关出版物销售网点
排　　版	北京智博尚书文化传媒有限公司
印　　刷	河北文福旺印刷有限公司
规　　格	170mm×240mm　16 开本　14.5 印张　283 千字
版　　次	2024 年 5 月第 1 版　2024 年 5 月第 1 次印刷
印　　数	0001—3000 册
定　　价	79.80 元

凡购买我社图书，如有缺页、倒页、脱页的，本社营销中心负责调换
版权所有·侵权必究

前　言

在当今时代，互联网已成为国家未来发展不可分割的一部分，跟随时代潮流，掌握互联网短视频运营技巧，是每个电商运营者与时俱进的根本保障。

笔者从事新媒体运营和短视频研究多年，深谙短视频账号运营、吸粉引流技巧，如今短视频在国家的大力支持下发展迅猛，许多人开始加入电商行业，而如何从短视频运营大军中脱颖而出，是他们需要思考的问题。

经过深思熟虑之后，笔者将自己的经验和研究总结成了一本书，为想要提高抖音、快手等短视频平台的粉丝数、流量的运营者提供参考。本书分为 4 篇，内容分别如下。

一、视频创作篇

视频创作是短视频获得利益、实现价值的重要因素，同时也是最难以把握的。运营者应该明白的是，视频创作能力直接决定了短视频的质量。

（1）**视频拍摄**：使用手机拍摄短视频，要想获得好的效果，就需要利用各种角度和光线，以保证视频画面的清晰度。一段视频内容拍摄得再好，如果画面不够清晰，也会使视频的质量大打折扣。

（2）**视频剪辑**：在掌握一定的拍摄技巧后，运营者也需要了解视频后期处理的相关知识，包括视频的剪辑、特效的添加和动画效果的制作等技巧。

（3）**视频创作**：本章主要介绍在短视频平台上被推荐上热门的一些实用技巧，为运营者提供一些短视频的创作思路。

二、建号引流篇

在了解视频创作技巧以后，运营者需要创建专属于自己的账号，打造自己的账号定位、内容、形象等，了解平台的账号运营规则，这能为自己之后进行品牌推广奠定基础。

（1）**账号运营**：运营者需要对自己的账号和将要制作的内容进行定位，根据这个定位策划和拍摄短视频内容并掌握基本的运营技巧。

（2）**吸粉技巧**：对于做短视频的人来说，流量是运营者的核心竞争力，引流成了短视频运营中的关键环节，运营者需要通过社交转化获取更多流量，进而使自己的短视频内容被更多人看到。

三、推广变现篇

作为电商运营者，利用短视频平台进行品牌推广、流量变现是最终的目的，只有掌握了推广技巧，拓宽产品变现渠道，才能够真正实现电商运营的价值。

（1）**营销推广**：做好短视频运营之后，更关键的是如何将自己的产品通过短视频的方式推销出去，这需要运营者掌握相关的品牌营销和推广技巧。

（2）**电商变现**：短视频的电商变现是基于短视频进行宣传和引流的，但是需要实实在在地将产品或服务销售出去才能获得收益。如今，短视频已经成为了极佳的私域流量池，带货能力不可小觑。

（3）**其他变现**：除了电商变现以外，短视频平台还提供了许多其他变现方式，如销售变现、流量变现、产品变现、商业变现、实体变现等。

四、直播带货篇

随着互联网的发展、生活节奏的加快，通过直播购物已经成为年轻人的首选购物方式，越来越多的运营者开始在短视频平台上进行直播，而掌握平台直播规则、了解直播技巧，才能够提高直播带货的转化率。

（1）**直播技巧**：直播带货已经占据短视频平台的很大一块流量池，要想打造爆火的直播间，成功提高商品销量，就需要运营者对直播内容提前进行策划，了解相关直播技巧。

（2）**直播带货**：主播在短视频平台直播间带货时，如何把产品销售出去是整场直播的核心点。主播不仅要善于和用户进行互动、交流，同时还要通过活动和利益点抓住用户的消费心理，从而促使他们完成最后的下单行为。

特别提醒：书中采用的抖音、快手和剪映等软件的案例界面，包括账号、作品、粉丝量等相关数据，都是写稿时的截图，若图书出版后软件有更新，请读者以出版后的实际情况为准，根据书中提示，举一反三操作即可。

本书由赵程编著，参与资料整理的人员还有刘阳洋等人，在此表示感谢。由于编者的水平有限，书中难免有错误和疏漏之处，恳请广大读者批评、指正。

编 者

目 录

第 1 章 视频拍摄：手机 + 抖音 + 快手的视频拍摄技巧 001

1.1 手机拍摄：7 个拍摄技巧 002
- 1.1.1 尝试竖拍 002
- 1.1.2 设置视频分辨率 002
- 1.1.3 设置视频美颜级别 003
- 1.1.4 保持手机不动 003
- 1.1.5 利用手持云台 004
- 1.1.6 借助工具拍摄 004
- 1.1.7 多角度拍摄 005

1.2 抖音拍摄：灵活运用自带特效 006
- 1.2.1 分段拍摄视频 006
- 1.2.2 同款道具和特效 007
- 1.2.3 技术流运镜技巧 008
- 1.2.4 时光倒流特效 009
- 1.2.5 分屏多屏合拍设置 009
- 1.2.6 放大或缩小画面设置 011
- 1.2.7 拍月亮的操作方法 012
- 1.2.8 灵活运用拍照技巧 013
- 1.2.9 "灵魂出窍"效果 014
- 1.2.10 "多人分身"效果 015

1.3 快手拍摄：掌握不同拍摄方式 016
- 1.3.1 快手拍摄的 3 种方式 016
- 1.3.2 "同框"短视频的拍摄 018
- 1.3.3 美颜效果使用 020
- 1.3.4 "倒计时"拍摄 021
- 1.3.5 添加魔法表情 022
- 1.3.6 删除视频中指定画面 022

第 2 章 视频剪辑：剪出高品质的短视频效果 024

2.1 单段视频的制作流程 025
- 2.1.1 导入视频素材 025
- 2.1.2 剪辑视频时长 026
- 2.1.3 添加滤镜调色 027
- 2.1.4 设置比例和背景 029
- 2.1.5 拍照定格效果 031
- 2.1.6 添加合适的特效 032
- 2.1.7 添加标题与贴纸 035
- 2.1.8 添加背景音乐 038
- 2.1.9 导出分享成品 040

2.2 多段视频的剪辑流程 042
- 2.2.1 添加多段视频和音乐 042
- 2.2.2 设置变速效果调整时长 044
- 2.2.3 为素材之间设置转场 047
- 2.2.4 为多段素材进行调色处理 048
- 2.2.5 添加动感炫酷特效 051
- 2.2.6 制作精彩的文字片头 052
- 2.2.7 制作字幕效果 054
- 2.2.8 制作宣传片尾效果 055

第 3 章 视频创作：打造能上热门的爆款视频 057

3.1 四大要求：上热门必了解 058
- 3.1.1 个人原创内容 058
- 3.1.2 视频内容完整 059
- 3.1.3 内容质量要高 060
- 3.1.4 积极参与活动 060

3.2 五大技巧：千万不要错过 060
- 3.2.1 题材内容新颖 061
- 3.2.2 发现美好生活 062
- 3.2.3 内容积极乐观 063
- 3.2.4 拍摄反转剧情 065
- 3.2.5 紧抓实时热点 065

3.3 九大内容：任你随意挑选 066
- 3.3.1 才艺双全更好 066

  3.3.2 搞笑视频段子 068
  3.3.3 "恶搞"创造新意 069
  3.3.4 特效玩转抖音 069
  3.3.5 旅游所见美景 070
  3.3.6 "戏精"表演技巧 071
  3.3.7 技能传授视频 072
  3.3.8 专业领域视频 072
  3.3.9 知识推广视频 073

第 4 章 账号运营：优化设置吸引更多的关注 075

 4.1 账号：设置基本信息 076
  4.1.1 抖音账号设置 076
  4.1.2 快手账号设置 079
 4.2 定位：为账号打上精准标签 080
  4.2.1 厘清账号定位 080
  4.2.2 账号定位理由 081
  4.2.3 打上精准标签 081
  4.2.4 了解基本流程 083
  4.2.5 账号定位技巧 083
 4.3 内容：持续输出优质作品 084
  4.3.1 用内容吸引精准人群 084
  4.3.2 找到关注点 085
  4.3.3 根据特点输出内容 085
  4.3.4 内容定位标准 086
  4.3.5 内容定位规则 086
 4.4 运营：提高账号质量 087
  4.4.1 了解用户 087
  4.4.2 遵守规则 089
  4.4.3 运营误区 090

第 5 章 吸粉技巧：引爆流量成为短视频大咖 093

 5.1 算法：增加内容推荐量 094
  5.1.1 了解算法机制 094
  5.1.2 熟悉抖音算法 094
  5.1.3 流量赛马机制 095

v

5.1.4	利用好流量池	096
5.1.5	获得叠加推荐	097

5.2 引流：提升流量增长率 ... 098

5.2.1	提升流量精准性	098
5.2.2	"种草"视频引流	099
5.2.3	付费工具引流	100
5.2.4	评论功能引流	101
5.2.5	热门话题引流	101
5.2.6	添加相关话题	102
5.2.7	利用"趋利"心理	103

5.3 引流：7 个基本技巧 ... 104

5.3.1	直接展示引流	104
5.3.2	发布原创视频	104
5.3.3	定期推送内容	105
5.3.4	抖音热搜引流	105
5.3.5	账号矩阵引流	106
5.3.6	社交平台引流	107
5.3.7	线下引流指南	108

5.4 引流：利用直播互动 ... 109

5.4.1	打造短视频直播室	109
5.4.2	直播吸粉引流技巧	110
5.4.3	直播间与粉丝互动	113

第 6 章 营销推广：踏上短视频变现崭新之路 ... 115

6.1 营销策略：提高产品销量 ... 116

6.1.1	活动营销	116
6.1.2	饥饿营销	117
6.1.3	事件营销	117
6.1.4	口碑营销	118
6.1.5	品牌营销	120
6.1.6	借力营销	121

6.2 抖音推广：获取平台流量 ... 122

6.2.1	DOU+ 引流	122
6.2.2	SEO 优化搜索引流	123
6.2.3	互推引流	125

6.3 快手推广：快速收获粉丝 125

- 6.3.1 快手粉条引流 126
- 6.3.2 同框引流 128
- 6.3.3 同款引流 128
- 6.3.4 了解平台特点 130
- 6.3.5 增强粉丝黏性 132
- 6.3.6 利用直播带货 132

第 7 章 电商变现：获得短视频亿级流量红利 140

7.1 视频卖货：提升带货转化率 141

- 7.1.1 带货的 6 个基本原则 141
- 7.1.2 带货视频必备要素 141
- 7.1.3 高效"种草"转化的视频 142
- 7.1.4 教程类视频制作技巧 144
- 7.1.5 标题设计的 5 个技巧 145
- 7.1.6 视频场景展示技巧 147

7.2 抖音电商：带货卖货变现 148

- 7.2.1 抖音小店变现 148
- 7.2.2 商品橱窗变现 149
- 7.2.3 抖音购物车变现 150
- 7.2.4 精选联盟变现 151
- 7.2.5 团购带货变现 152

7.3 快手电商：带货卖货变现 153

- 7.3.1 开通快手小店 153
- 7.3.2 了解应用工具 154
- 7.3.3 添加商品功能 156

第 8 章 其他变现：打造多种盈利模式 160

8.1 销售变现：用买卖赚收益 161

- 8.1.1 微商卖货变现 161
- 8.1.2 平台佣金变现 161
- 8.1.3 提供优质服务 163
- 8.1.4 图书版权变现 164
- 8.1.5 知识付费变现 165

VII

8.2 流量变现：引导用户购买 166
8.2.1 明确流量渠道 166
8.2.2 设置粉丝路径 166
8.2.3 设置好关注点 166

8.3 产品变现：刺激购买欲望 167
8.3.1 增加趣味内容 167
8.3.2 产品新颖玩法 168
8.3.3 展现制作过程 169
8.3.4 推荐优质产品 169
8.3.5 证明产品的优势 171
8.3.6 测评相关产品 172
8.3.7 通过场景表达主题 172
8.3.8 将产品融入场景 173

8.4 商业变现：拓宽平台变现渠道 174
8.4.1 流量广告变现 174
8.4.2 星图接单变现 175
8.4.3 全民任务变现 177
8.4.4 扶持计划变现 178
8.4.5 流量分成变现 179
8.4.6 视频赞赏变现 180

8.5 实体变现：吸引用户进店 180
8.5.1 展示店铺特色 181
8.5.2 打造员工人设 182
8.5.3 众口皆碑效应 183

第 9 章 直播技巧：让直播间人气爆棚的技巧 184

9.1 了解策划思路 185
9.1.1 确保准确和规范 185
9.1.2 满足用户需求 186
9.1.3 实现精准定位 187
9.1.4 表达形象生动 192

9.2 安排互动环节 192
9.2.1 设置抽奖目标 193
9.2.2 设置评论抽奖 193
9.2.3 设置限量秒杀 194

第 10 章　直播带货：借网红经济实现产品引爆 197

10.1　提升销量：掌握用户购物路径 198
10.1.1　开启"抖音作品及电商直播间"功能 198
10.1.2　同步显示抖音直播间 199
10.1.3　优化直播间的点击率 199
10.1.4　优化用户停留与互动 202
10.1.5　优化带货产品转化率 203
10.1.6　优化直播间的复购率 205

10.2　流量获取：有效提高直播带货收益 206
10.2.1　口碑引流 206
10.2.2　账号引流 207
10.2.3　红包引流 207
10.2.4　福袋引流 209
10.2.5　搜索引流 210

10.3　直播卖货：提升直播间的转化效果 211
10.3.1　直击用户痛点的产品 211
10.3.2　营造产品的抢购氛围 213
10.3.3　选择合适的带货主播 215

第1章
视频拍摄：手机+抖音+快手的视频拍摄技巧

■ 学前提示

　　使用手机拍摄短视频，要想获得好的效果，就需要利用各种角度和光线，以保证视频画面的清晰度。一段视频拍摄得再好，如果画面不够清晰，也会使视频的质量大打折扣。本章主要向大家介绍多种拍摄快手与抖音短视频的技巧，可以让你的短视频与众不同。

■ 要点展示

　　手机拍摄：7个拍摄技巧
　　抖音拍摄：灵活运用自带特效
　　快手拍摄：掌握不同拍摄方式

1.1 手机拍摄：7个拍摄技巧

做好短视频平台的运营，需要运营者掌握手机拍摄的相关技巧，不论是快手还是抖音平台，都需要利用手机拍摄视频，如何运用各种角度和光线，拍摄出最好的画面，是运营者需要掌握的第一步。本节主要向读者介绍7个手机拍摄通用的技巧。

1.1.1 尝试竖拍

大家在刷抖音和快手短视频的时候，一般都是竖着拿手机的。所以，采用竖拍的方式更适合抖音平台和快手平台，这样在播放视频的时候，视频画面会更饱满，更具有视觉冲击力。如果在抖音平台和快手平台看横拍的视频，那么手机界面的上下两端会呈黑色，而中间视频内容的显示面积会比较小，视觉冲击力就没那么强。图1.1所示为横拍与竖拍的效果对比。

图 1.1 横拍与竖拍的效果对比

1.1.2 设置视频分辨率

在拍摄视频时，首先要在手机中设置录制视频的分辨率，分辨率越大，画质越清晰。下面以 iPhone 14 手机为例，介绍设置视频分辨率大小的操作方法。

步骤 01 在"设置"中找到"相机"一栏，进入"相机"界面后选择"录制视频"选项，如图1.2所示。

步骤 02 进入"录制视频"界面，如果对视频画质要求不高，可以选择"1080p HD/30 fps"格式，如图1.3所示；如果对视频画质要求高，则选择4K相关格式。

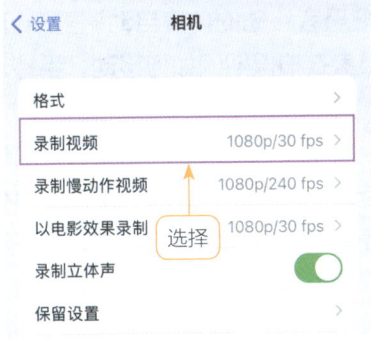

图1.2 选择"录制视频"选项

图1.3 选择"1080p HD/30 fps"格式

1.1.3 设置视频美颜级别

当使用真我10 Pro+手机拍摄视频时，相机界面自带美颜功能，美颜级别越高，画质效果越好，下面介绍设置视频美颜级别的操作方法。

步骤 01 打开相机的"录像"界面，点击美颜按钮，如图1.4所示。

步骤 02 展开调节区，向右滑动设置条即可设置视频美颜级别，如图1.5所示。

图1.4 点击相应的按钮

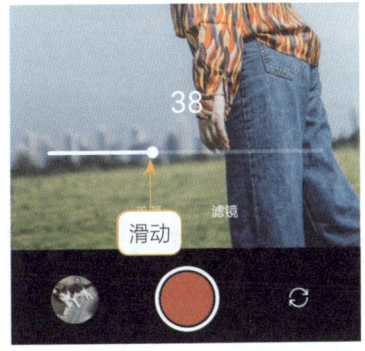

图1.5 设置视频美颜级别

1.1.4 保持手机不动

在拍摄视频的时候，如果要改变拍摄的方向，需要通过身体的转动实现，不要只移动手机而不转动身体，否则视频画面很容易出现抖动，影响视频的画质。

正确的做法是：用两只手夹紧手机，通过身体的转动或移动改变拍摄的方向，如果要跟随某个对象进行拍摄，也是通过身体的移动实现的。

1.1.5 利用手持云台

如今的视频拍摄"新宠"工具就是手持云台了，手持云台就是将云台的自动稳定系统放置到手机视频拍摄上来，它能根据拍摄者移动的角度自动调整手机方向，使手机始终保持在一个平稳的状态。无论拍摄者在拍摄期间如何移动，手持云台都能保证手机视频拍摄的稳定。

手持云台一般来说重量较轻，女生也能轻松驾驭，续航时间比较长，而且还具有自动追踪和蓝牙功能，即拍即传。智云手持云台连接手机之后，无须在手机上操作就能实现自动变焦、对焦和视频滤镜切换等，对于拍摄者来说，智云手持云台是一个不错的拍摄辅助工具，如图1.6所示。

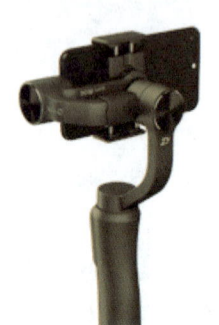

图 1.6　手持云台

1.1.6 借助工具拍摄

在视频拍摄中，三脚架是必不可少的器材之一，它能够稳定手机及相机，使手机在长曝光或光线不充足时拍出清晰的画面，如图1.7所示。

三脚架的优点一是稳定，二是能伸缩。但是三脚架也有缺点，就是摆放时需要相对比较平稳的地面，而八爪鱼刚好能弥补三脚架的缺点，因为它能爬杆、能上树，还能倒挂金钩。图1.8所示为使用八爪鱼拍摄的示范。

图 1.7　三脚架　　　　　　　　　图 1.8　使用八爪鱼拍摄

1.1.7 多角度拍摄

运营者可以从角度入手，拍出与众不同的作品，吸引粉丝的注意。例如，"蚂蚁视角"就可以让人眼前一亮，如图 1.9 所示。

图 1.9 "蚂蚁视角"拍摄的视频效果

> **专家提醒**
>
> 在拍摄短视频时，不论是用手机还是相机，选择不同的拍摄角度拍摄同一个物体，得到的影片区别也是非常大的。不同的拍摄角度会带来不同的感受，选择不同的视点可以将普通的被摄对象以更新颖、更别致的方式展示出来。

运营者拍摄时需要将手机镜头放低，将拍摄视角拉低，画面效果如图 1.10 所示。然后将手机反转 180°，尽可能地贴着地面，这样可以拍到更低的角度，画面效果如图 1.11 所示。

图 1.10 将拍摄视角拉低后的画面效果　　　图 1.11 反转手机拍摄

拍摄到合适角度的视频画面后，通过后期编辑垂直翻转画面，添加漂亮的滤镜效果，如图 1.12 所示。

图 1.12 添加滤镜后的效果

1.2 抖音拍摄：灵活运用自带特效

除了 1.1 节提到的基本的手机拍摄技巧以外，抖音平台拥有许多自带的特效和道具，灵活运用这些特效和道具，能够使自己的视频变得更有趣。除此以外，运营者也可以借助其他的相机 App，为自己的视频增添效果，本节为大家介绍抖音的拍摄技巧。

1.2.1 分段拍摄视频

抖音具有分段拍摄视频的功能，运营者可以先在某个场景拍摄一段视频，然后点击●按钮暂停，接着转到下一个场景，再继续拍摄一段视频。重复该操作，就可以分段拍摄多个场景下的画面，具体操作如下。

步骤 01 进入抖音 App 拍摄界面，❶切换至"分段拍"界面；❷点击●按钮，如图 1.13 所示，开始拍摄第一段视频。

步骤 02 拍摄好第一段视频后，点击●按钮，如图 1.14 所示，暂停拍摄。

图 1.13 点击相应的按钮（1）　　图 1.14 点击相应的按钮（2）

步骤 03 点击 ● 按钮,如图 1.15 所示,即可开始第二段视频的拍摄。

步骤 04 拍摄好两段视频后,点击右侧的 ✓ 按钮,如图 1.16 所示,即可结束拍摄。

图 1.15 点击相应的按钮(3) 　　图 1.16 点击相应的按钮(4)

1.2.2 同款道具和特效

抖音平台上的短视频内容丰富多彩,作为一个新手运营者,可以参考抖音的热门话题模板库或者抖音视频热搜榜,使用同款道具和同款特效进行拍摄。

步骤 01 在抖音信息流中,看到喜欢的视频特效后,点击该视频用到的特效名称,如图 1.17 所示。

步骤 02 进入特效主题界面,点击"拍同款"按钮,如图 1.18 所示。

图 1.17 点击特效名称 　　图 1.18 点击"拍同款"按钮

步骤 03 执行操作后，即可使用同款特效拍摄短视频，如图 1.19 所示。

步骤 04 另外，运营者也可以点击视频界面的"分享"按钮，在弹出的"分享给朋友"面板中点击"同款特效"按钮，如图 1.20 所示。

图 1.19　使用同款特效拍摄　　图 1.20　点击"同款特效"按钮

1.2.3　技术流运镜技巧

抖音运镜的主要技巧就是用手控制手机，建议大家先从最基础的运镜开始学，运营者可以在抖音上搜索"运镜教程"，试着根据热门视频进行练习。在拍摄抖音短视频，特别是快速的镜头运用时，如果画面不平稳，运营者看拍摄画面时会很吃力。为了让短视频中的画面显得更为平稳，最好将手臂伸直，保持平稳地运镜，让画面更加流畅。下面介绍一些抖音"技术流"常用的运镜技巧。

- 手机镜头由近到远，缓慢加速并旋转，如图 1.21 所示。

图 1.21　抖音运镜示例

- 手机镜头低角度拍摄，然后从左向右旋转。
- 将手机镜头对准拍摄对象，画出一个半弧形。
- 将被拍摄对象固定在中间位置，并围绕其 360° 旋转。

- 将手机镜头从上向下移动拍摄。
- 手机镜头跟随主体一起移动，即跟拍。

1.2.4 时光倒流特效

在"时间"选项卡中，点击"时光倒流"特效（图 1.22）即可应用"时光倒流"特效。随后看到视频下方的进度条会变成紫色，表示该区域已覆盖特效，如图 1.23 所示，点击界面右上角的"保存"按钮即可保存。

图 1.22　点击"时光倒流"特效

图 1.23　应用"时光倒流"特效

例如，可以尝试给一个落日视频添加"时光倒流"特效，可以看到落日缓慢升起的有趣过程，如图 1.24 所示。

图 1.24　添加"时光倒流"特效的落日视频

1.2.5 分屏多屏合拍设置

在抖音上，可以从上、下、左、右不同的方向进行分屏实现多屏合拍效果，具体方法如下。

步骤 01 找到想要合拍的视频，点击"分享"按钮，如图 1.25 所示。

步骤 02 在弹出的"分享给朋友"面板中点击"合拍"按钮，如图 1.26 所示。

步骤 03 运营者可以通过点击右上角相应的按钮，添加道具、设置速度和美化效果等，点击拍摄按钮即可开始合拍，如图 1.27 所示。

图 1.25　点击分享按钮　　　图 1.26　点击"合拍"按钮　　　图 1.27　开始合拍

步骤 04 拍摄完成后，可以对不满意的地方进行修改，再次设置特效、封面和滤镜效果等，完成修改后，点击"下一步"按钮，如图 1.28 所示，即可发布视频。

不过，抖音最多只能实现双人合拍。如果用户要实现多屏合拍，可以找到已经分屏合拍的视频，再次进行合拍，这样看上去就好像是多屏合拍了，如图 1.29 所示。

图 1.28　点击"下一步"按钮　　　图 1.29　与合拍过的视频再次进行合拍实现多屏合拍

1.2.6 放大或缩小画面设置

在抖音上，可以通过拖曳拍摄按钮实现画面的放大或缩小，具体方法如下。

步骤 01 进入抖音拍摄界面，点击 ⬤ 按钮开始拍摄视频，如图 1.30 所示。

步骤 02 按住拍摄按钮的同时向上拖曳，如图 1.31 所示，可以放大画面。

图 1.30 点击相应的按钮 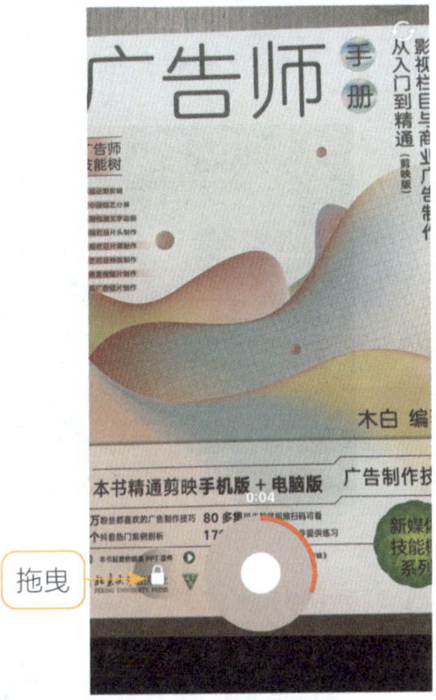　　图 1.31 按住拍摄按钮并向上拖曳

步骤 03 按住拍摄按钮的同时向下拖曳，如图 1.32 所示，可以缩小画面。

步骤 04 完成拍摄后即可看到画面被放大和缩小的过程，如图 1.33 所示。

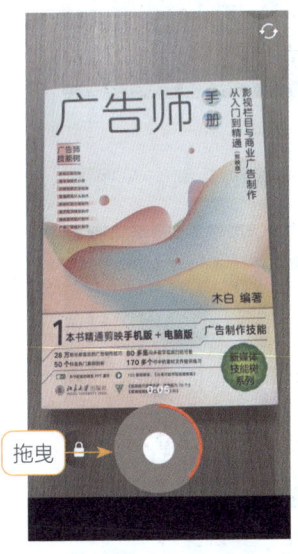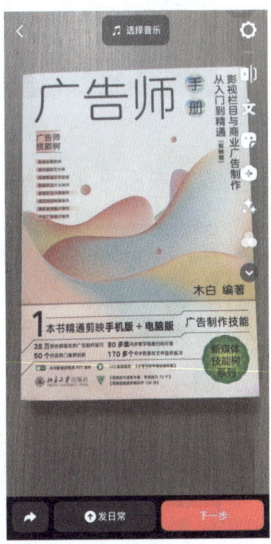

图 1.32 按住拍摄按钮并向下拖曳　　图 1.33 完成视频拍摄

1.2.7 拍月亮的操作方法

在抖音上，还可以拍摄一些稀奇的景物来博眼球，其中月亮就是一个不错的拍摄对象。但是，如果直接用手机的自动模式拍摄月亮，画面中的月亮通常就是一个亮点，根本看不到任何月亮的细节。如果运营者的手机有"月亮模式"，可以直接用该模式拍摄；如果没有这种模式，则可以通过调节手机参数进行拍摄，具体操作如下。

步骤 01 首先将手机镜头放大到最大倍率，如图1.34所示。

图1.34 放大到最大倍率

步骤 02 通过手动对焦方式对焦到月亮主体上，如图1.35所示。

图1.35 对焦月亮

步骤 03 向下拖曳右侧的太阳图标，调整曝光参数，如图1.36所示。

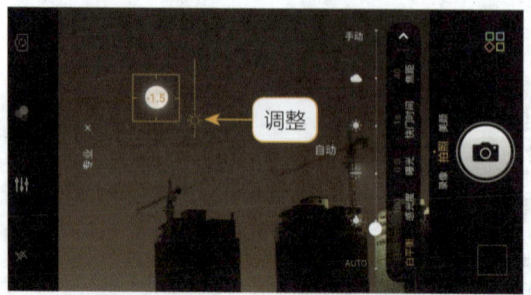

图1.36 调整曝光参数

步骤 04 继续调整曝光参数，直至出现清晰的月亮轮廓细节，同时手动调整感光度（越低越好）、光圈大小（越大越好）、快门时间（1/1000 s 左右）等参数，最终拍摄效果如图 1.37 所示。

图 1.37　拍摄月亮效果

1.2.8　灵活运用拍照技巧

在刷抖音的时候，可以看到很多精彩的短视频都是由一张张精美的照片合成的，如图 1.38 所示。对于不会拍视频的人来说，也可以学习一些拍照技巧和姿势，以拍出炫酷的效果，从而快速吸粉。

图 1.38　照片合成的短视频

滤镜的运用在抖音里面很常见，运营者在拍照时，可以多尝试用复古胶片滤镜拍摄，这样用简单的姿势即可拍出很有意境的照片效果，如图 1.39 所示。

图 1.39 复古胶片滤镜拍摄效果

运营者也可以直接在抖音里面选择"快拍"模式拍摄照片,然后添加一些人像的滤镜效果即可,如图 1.40 所示。

图 1.40 直接用抖音拍照并添加滤镜效果

1.2.9 "灵魂出窍"效果

在抖音上,经常可以看到一些神秘的"灵魂出窍"视频,看上去相当诡秘,让人不寒而栗。当然,在抖音上是无法直接拍摄这种效果的,还需要用到一款名为"魔鬼相机"的拍照软件,如图 1.41 所示。

图 1.41 魔鬼相机 App

魔鬼相机 App 拥有独特的拍照虚化功能,可以帮助运营者轻松拍出"灵魂出窍"的效果,还有"幽灵"特效等,可以用来拍摄有趣的"恶搞"短视频。魔鬼相机 App 的使用方法非常简单,运营者首先需要拍摄一段视频或一张照片,然后让模特离开镜头范围,再次拍摄一段视频或一张照片,App 可以自动合成多段视频或多张照片,从而制作出半透明的人物"灵魂"效果。

魔鬼相机 App 主要运用多次曝光的方式,让同一个人物多次出现在同一个场景里。运营者可以在拍摄前设置好拍摄的时间间隔,然后摆好姿势等倒计时开始拍摄并更换姿势拍摄多张照片或多段视频。拍摄完成后,点击"取消"按钮,系统会自动把所有拍摄的画面进行叠加,即可拍摄出"多重鬼影"效果。

1.2.10 "多人分身"效果

在抖音上,经常可以看到各种"分身"视频,非常有创意,可以吸引大家的点赞和分享。下面介绍拍摄"多人分身"效果常用的方法。

首先打开手机,选择"全景"拍摄模式,点击 按钮,开始拍摄,如图 1.42 所示。手机相机的全景拍摄模式可以实现自动拼接,将连续拍摄的多张照片拼接为一张照片,从而实现扩大画面视角的目的。在拍摄全景照片时,运营者可以将地平线、水平线、海天线等作为参考线来平移手机,这样成功率会更高。

图 1.42 全景拍摄模式

开启全景拍摄模式后,将手机镜头对准模特,开始拍摄并且向同一个方向移动,拍摄第一个人物画面。之后,模特从拍摄者的后面绕到下一个场景的位置,等模特摆好姿势,拍摄者将镜头缓慢移动到模特所在位置进行拍摄。使用同样的方法重复拍摄多个人物的分镜,即可自动合成一张人物"分身"照片,如图 1.43 所示。

图 1.43 使用全景拍摄模式拍摄的人物"分身"效果

1.3 快手拍摄:掌握不同拍摄方式

除了与抖音平台一样有许多的特效和道具以外,快手平台上还拥有不同的拍摄方式,运营者可以根据自己的需要进行选择。同时,快手平台也拥有"合拍"功能,灵活运用不同的拍摄模式,能使视频变得更多元化,本节为大家介绍快手的拍摄技巧。

1.3.1 快手拍摄的 3 种方式

快手的拍摄模式包括拍照、随手拍和多段拍 3 种方式,下面分别进行介绍。

1. 拍照：随手拍模式

打开快手 App 后，点击主页下方的 ⊕ 按钮，如图 1.44 所示。进入拍摄界面后，点击 ◯ 按钮即可开始拍照，如图 1.45 所示。

图 1.44　点击相应的按钮（1）　　图 1.45　点击相应的按钮（2）

使用"拍照"模式可以快速拍摄照片，然后通过快手平台进行发布，同时也会自动保存到手机相册中，便于运营者编辑和浏览，如图 1.46 所示。

图 1.46　快手"拍照"模式拍摄的效果

2. 拍视频："随手拍"和"多段拍"

"随手拍"功能可以拍摄 11.5 s 的短视频，其拍摄界面如图 1.47 所示。在黑暗环境下拍摄短视频时，可以点击顶部中间的 ☾ 按钮为环境补光，以获得更好的拍摄

017

效果，如图 1.48 所示。

图 1.47 "随手拍"拍摄模式　　　图 1.48 开启补光功能

"多段拍"功能可以拍摄 1min 或 5min 以内的短视频，如图 1.49 所示。点击右上角相应的按钮，能够对视频进行镜头翻转、拍摄倒计时、变速等设置，运营者可以根据需要选择合适的拍摄速度，从而实现更好的拍摄效果。

图 1.49 "多段拍"模式

1.3.2 "同框"短视频的拍摄

运营者在看到喜欢的作品时可以选择"同框"拍视频，下面介绍使用快手一起拍"同框"短视频的操作方法。

步骤 01 找到要合拍的短视频，点击右下角的"分享"按钮，在弹出的面板中点击"一起拍同框"按钮，如图1.50所示。

步骤 02 执行操作后，进入"拍同框"拍摄模式，如图1.51所示。

步骤 03 点击右侧的"录音"按钮，弹出相关提示，建议用户在安静的环境下拍摄，如图1.52所示。

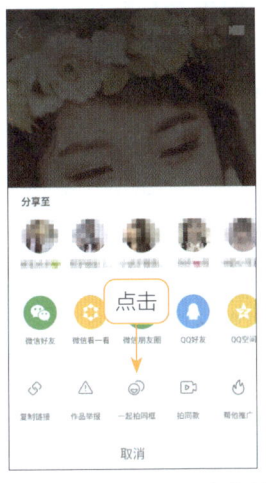
图 1.50　点击"一起拍同框"按钮

图 1.51　"拍同框"拍摄模式

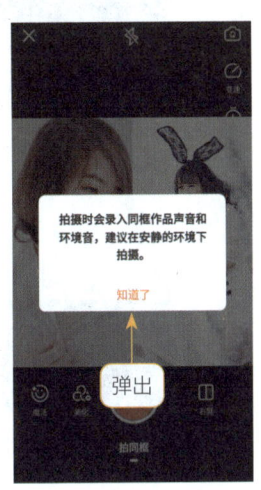
图 1.52　弹出相关提示

步骤 04 点击右下角的"右屏"按钮，调出分屏菜单，如图1.53所示。

步骤 05 点击"左屏"按钮即可切换为"左屏"拍摄模式，便于切换各个分屏幕的展示位置，如图1.54所示。

步骤 06 点击"画中画"按钮即可切换为"画中画"拍摄模式，如图1.55所示。

图 1.53　调出分屏菜单

图 1.54　"左屏"拍摄模式

图 1.55　"画中画"拍摄模式

019

步骤 07 点击拍摄按钮即可开始拍摄同框视频，如图 1.56 所示。拍摄完成后，点击"下一步"按钮即可完成拍摄。

用户可以在发布界面点击"个性化设置"按钮，在弹出的"个性化设置"面板中打开"允许别人跟我拍同框"功能，如图 1.57 所示。这样作品发布后，其他用户即可拍摄制作"同框"视频。

图 1.56　拍摄同框视频　　　　图 1.57　打开"允许别人跟我拍同框"功能

1.3.3　美颜效果使用

美颜如今成了拍照和拍视频的必备功能，快手 App 上也有强大的美颜功能。进入拍摄界面后，点击界面下方的"美化"按钮，如图 1.58 所示，打开"美颜"选项卡，根据需要选择合适的美颜效果即可自动进行美化处理，如图 1.59 所示。

图 1.58　点击"美化"按钮　　　　图 1.59　选择美颜效果

在"美妆"选项卡中,选择下面的美妆主题即可应用相应的美妆效果,如图1.60所示。在"滤镜"选项卡中,选择相应的滤镜类型即可应用该滤镜效果,拖动设置条还可以调整滤镜的程度,如图1.61所示。

图1.60 应用美妆效果　　　图1.61 应用滤镜效果

1.3.4 "倒计时"拍摄

一个人在拍摄视频的时候,通常在拍摄前还需要一点缓冲时间,此时可以点击右上角的"倒计时"按钮,开启"倒计时"功能,如图1.62所示。之后再点击拍摄按钮,即可倒计时3s拍摄,如图1.63所示。

图1.62 点击"倒计时"按钮　　　图1.63 倒计时3 s拍摄

1.3.5 添加魔法表情

进入快手录制视频界面，点击录制按钮左边的"魔法"按钮，选择相应的魔法表情即可在拍摄短视频时添加该魔法表情，如图1.64所示。

图 1.64 添加魔法表情效果

1.3.6 删除视频中指定画面

短视频很难一次拍好，经常需要进行后期剪辑，删除视频中某些不完美或者不需要的画面。其具体方法如下。

步骤 01 运营者可以在拍完视频后，在视频编辑界面下方点击"剪辑"按钮，如图1.65所示。

步骤 02 执行操作后，进入剪辑界面，在相应的位置点击"分割"按钮，如图1.66所示。

图 1.65 点击"剪辑"按钮　　图 1.66 点击"分割"按钮

步骤 03 ❶ 选择需要删减的片段；❷ 点击"删除"按钮，如图 1.67 所示．
步骤 04 执行操作后，即可删除选择的片段，如图 1.68 所示。

图 1.67 点击"删除"按钮　　图 1.68 删除后的视频效果

第 2 章

视频剪辑：剪出高品质的短视频效果

■ 学前提示

　　在掌握一定的拍摄技巧后，运营者也需要了解视频后期处理的相关知识，包括视频的剪辑、特效的添加和动画效果的制作等技巧。本章将为大家介绍单段视频的制作流程以及多段视频的剪辑流程。

■ 要点展示

　　单段视频的制作流程
　　多段视频的剪辑流程

2.1 单段视频的制作流程

运营者要想在抖音、快手平台上获得巨大流量，最根本的还是做好短视频内容，只有制作出质量高、有品质的短视频才能够真正地吸引用户。本节将为大家介绍在剪映手机版上制作单段视频的流程，最终视频效果如图 2.1 所示。

扫一扫　看效果

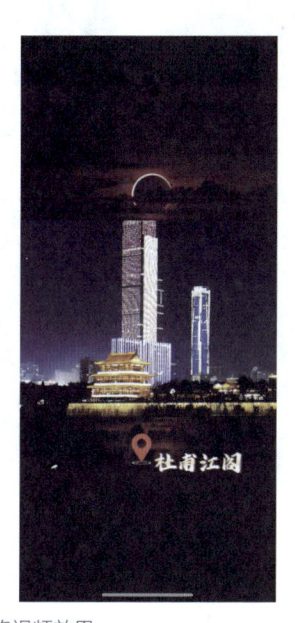

图 2.1　最终视频效果

2.1.1 导入视频素材

【效果展示】在剪映手机版中，剪辑视频的第一步就是导入视频素材，这样才能进行后续的操作和处理。效果展示如图 2.2 所示。

扫一扫　看视频

图 2.2　效果展示

导入视频素材的操作方法如下。

步骤 01 在手机中下载好剪映App，点击"剪映"图标，如图2.3所示。

步骤 02 在"剪辑"界面中点击"开始创作"按钮，如图2.4所示。

步骤 03 ❶在"视频"选项区中选择视频素材；❷点击"添加（1）"按钮，如图2.5所示，把视频素材导入到剪映手机版中。

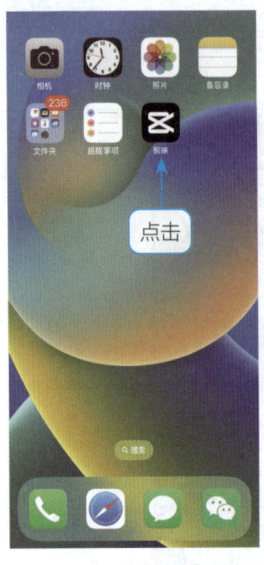

图2.3　点击"剪映"图标　　图2.4　点击"开始创作"按钮　　图2.5　点击"添加（1）"按钮

2.1.2　剪辑视频时长

【效果对比】在剪映手机版中导入视频之后就可以用剪辑功能快速裁剪时长了，只留下自己想要的片段即可。剪辑视频时长前后的效果对比如图2.6所示。

扫一扫　看视频

图2.6　效果对比

剪辑视频时长的操作方法如下。

步骤 01 ❶选择视频素材；❷拖曳时间轴至视频3s左右的位置；❸点击"分割"

按钮,如图2.7所示,分割视频。

步骤02 ❶选择分割后的第1段视频片段;❷点击"删除"按钮,如图2.8所示。

步骤03 删除多余片段,如图2.9所示,剪辑视频的时长。

图2.7 点击"分割"按钮　　图2.8 点击"删除"按钮　　图2.9 删除多余的片段

2.1.3 添加滤镜调色

【效果对比】为了让视频画面更具有吸引力,需要为视频添加滤镜进行调色。添加滤镜前后的效果对比如图2.10所示。

扫一扫 看视频

图2.10 效果对比

添加滤镜调色的操作方法如下。

步骤01 在视频起始位置点击"滤镜"按钮,如图2.11所示。

步骤02 进入"滤镜"选项卡,❶展开"夜景"选项区;❷选择"冷蓝"滤镜;

027

③ 设置参数为30，添加滤镜初步调色，如图2.12所示。

步骤 03 ❶ 切换至"调节"选项卡；❷ 选择"亮度"选项；❸ 设置参数为9，稍微提亮画面，如图2.13所示。

图 2.11　点击"滤镜"按钮　　图 2.12　设置参数　　图 2.13　设置"亮度"参数

步骤 04 设置"对比度"参数为7，增强画面的明暗对比，如图2.14所示。

步骤 05 设置"饱和度"参数为14，让画面色彩更加艳丽些，如图2.15所示。

步骤 06 设置"色温"参数为 –7，微微增强冷色调，如图2.16所示。

图 2.14　设置"对比度"参数　　图 2.15　设置"饱和度"参数　　图 2.16　设置"色温"参数

步骤 07 选择 HSL 选项，如图 2.17 所示，进入 HSL 面板。

步骤 08 ❶ 选择橙色选项◯；❷ 设置"色调"参数为 14、"饱和度"参数为 –14，让画面更有质感，部分参数如图 2.18 所示。

步骤 09 点击◯按钮回到上一级工具栏，可以看到视频轨道下面生成了一条"冷蓝 | 调节 1"轨道，如图 2.19 所示。

图 2.17　选择 HSL 选项　　图 2.18　设置相应的参数　　图 2.19　生成相应的轨道

2.1.4　设置比例和背景

【效果展示】对于横屏视频，可以设置比例使其变成竖屏视频；还可以设置相应的背景样式使黑色的背景变成其他的颜色。效果展示如图 2.20 所示。

扫一扫　看视频

图 2.20　效果展示

设置比例和背景的操作方法如下。

步骤 01 在视频起始位置点击"比例"按钮，如图 2.21 所示。

步骤 02 在"比例"面板中选择 9:16 选项，如图 2.22 所示，改变画面的比例。

步骤 03 点击✓按钮返回到上一级工具栏，点击"背景"按钮，如图 2.23 所示。

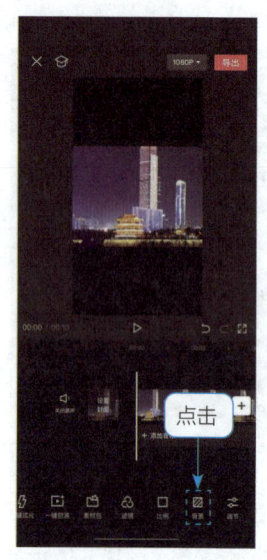

图 2.21 点击"比例"按钮　　图 2.22 选择 9:16 选项　　图 2.23 点击"背景"按钮

步骤 04 在弹出的工具栏中点击"画布样式"按钮，如图 2.24 所示。

步骤 05 在"画布样式"面板中选择一个背景样式，如图 2.25 所示。

图 2.24 点击"画布样式"按钮　　图 2.25 选择一个背景样式

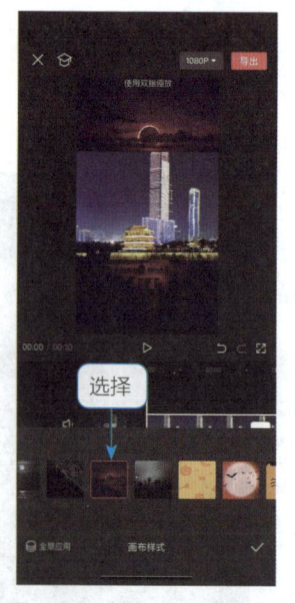

2.1.5 拍照定格效果

【效果展示】定格视频可以得到一段定格画面，再添加相应的拍照音效就能制作拍照定格效果。效果展示如图 2.26 所示。

扫一扫 看视频

图 2.26 效果展示

制作拍照定格效果的操作方法如下。

步骤 01 ❶ 选择视频素材；❷ 在视频 3s 左右的位置点击"定格"按钮，如图 2.27 所示。

步骤 02 定格画面之后，设置定格片段的时长为 1.0s，如图 2.28 所示。

图 2.27 点击"定格"按钮　　图 2.28 设置定格片段的时长

步骤 03 在定格片段前面一点的位置点击"音频"按钮,如图 2.29 所示。

步骤 04 在弹出的二级工具栏中点击"音效"按钮,如图 2.30 所示。

步骤 05 ❶输入并搜索"拍照声";❷点击"拍照声 1"音效右侧的"使用"按钮,如图 2.31 所示,添加音效并调节滤镜素材的时长。

图 2.29 点击"音频"按钮　　图 2.30 点击"音效"按钮　　图 2.31 点击"使用"按钮

2.1.6 添加合适的特效

扫一扫　看视频

【效果展示】为了让视频画面丰富有趣些,可以为视频添加合适的特效,增加画面内容,让开场和结尾片段更有创意。效果展示如图 2.32 所示。

图 2.32 效果展示

添加合适的特效的操作方法如下。

步骤 01 在视频起始位置点击"特效"按钮，如图2.33所示。

步骤 02 在弹出的二级工具栏中点击"画面特效"按钮，如图2.34所示。

步骤 03 ❶切换至"动感"选项卡；❷选择"闪动"特效，如图2.35所示，调整特效的时长，使其末尾位置与第1段视频的末尾位置对齐。

图2.33 点击"特效"按钮（1）　图2.34 点击相应的按钮（1）　图2.35 选择"闪动"特效

步骤 04 在第2段素材的起始位置点击"特效"按钮，如图2.36所示。

步骤 05 在弹出的二级工具栏中点击"画面特效"按钮，如图2.37所示。

步骤 06 在"边框"选项卡中选择"录制边框Ⅱ"特效，如图2.38所示。

图2.36 点击"特效"按钮（2）　图2.37 点击相应的按钮（2）　图2.38 选择相应的特效

步骤 07 调整"录制边框Ⅱ"特效的时长,使其末尾位置与第 2 段视频的末尾位置对齐。在第 3 段视频素材的起始位置点击"画面特效"按钮,如图 2.39 所示。

步骤 08 在"基础"选项卡中选择"变清晰"特效,如图 2.40 所示。

步骤 09 在视频 9s 左右的位置点击"画面特效"按钮,如图 2.41 所示。

图 2.39 点击相应的按钮(3)　　图 2.40 选择"变清晰"特效　　图 2.41 点击相应的按钮(4)

步骤 10 在"基础"选项卡中选择"闭幕"特效,如图 2.42 所示。

步骤 11 点击 ✓ 按钮确认操作,点击"作用对象"按钮,如图 2.43 所示。

步骤 12 在"作用对象"面板中选择"全局"选项,如图 2.44 所示。

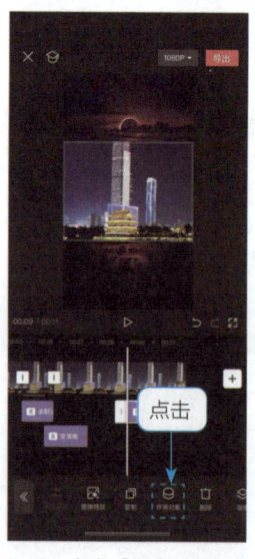

图 2.42 选择"闭幕"特效　　图 2.43 点击"作用对象"按钮　　图 2.44 选择"全局"选项

2.1.7 添加标题与贴纸

【效果展示】可以为视频添加标题文字，点明视频主题；添加地名文字，向观众介绍视频内容；还可以添加贴纸，丰富视频内容。效果展示如图 2.45 所示。

扫一扫　看视频

图 2.45　效果展示

添加标题与贴纸的操作方法如下。

步骤 01　在视频起始位置点击"文本"按钮，如图 2.46 所示。

步骤 02　在弹出的二级工具栏中点击"文字模板"按钮，如图 2.47 所示。

步骤 03　❶ 展开"片头标题"选项区；❷ 选择一款文字模板，如图 2.48 所示。

图 2.46　点击"文本"按钮　　图 2.47　点击"文字模板"按钮　　图 2.48　选择一款文字模板

035

步骤 04 ❶更改文字内容；❷点击⬇按钮更改其他文字内容，如图2.49所示。

步骤 05 更改文字内容后，调整文字时长，使其末尾位置与第1段视频素材的末尾位置对齐，再稍微缩小标题文字，如图2.50所示。

步骤 06 在第3段素材的起始位置点击"新建文本"按钮，如图2.51所示。

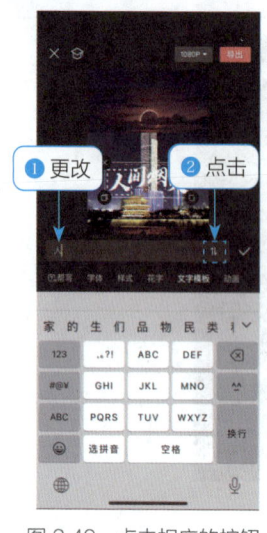

图2.49　点击相应的按钮　　图2.50　缩小标题文字　　图2.51　点击"新建文本"按钮

步骤 07 ❶输入地名文字；❷在"字体"选项卡的"书法"选项区中选择一款字体，如图2.52所示。

步骤 08 ❶切换至"花字"选项卡；❷选择一款花字样式；❸调整其大小和位置，如图2.53所示。

步骤 09 ❶切换至"动画"选项卡；❷选择"晕开"入场动画；❸设置动画时长为2.0s，如图2.54所示。

图2.52　选择一款字体　　图2.53　调整其大小和位置　　图2.54　设置动画时长（1）

步骤 10 ❶展开"出场"选项区；❷选择"渐隐"动画；❸设置动画时长为1.0s，如图2.55所示。

步骤 11 在第3段素材的起始位置点击"添加贴纸"按钮，如图2.56所示。

步骤 12 ❶输入并搜索"地标"；❷选择贴纸；❸调整其大小和位置，如图2.57所示。

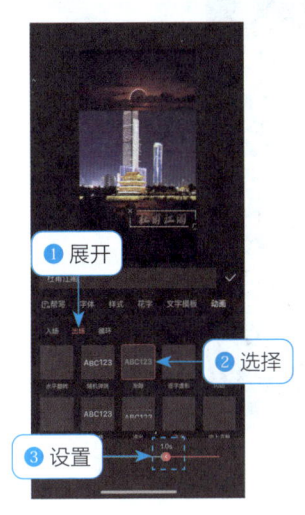

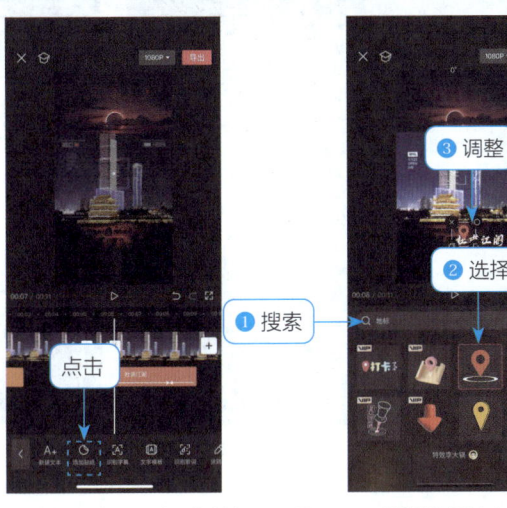

图2.55 设置动画时长（2）　　图2.56 点击"添加贴纸"按钮　　图2.57 调整贴纸的大小和位置

步骤 13 点击✓按钮确认添加，默认选择贴纸素材并点击"动画"按钮，如图2.58所示。

步骤 14 ❶选择"渐显"入场动画；❷设置动画时长为2.0s，如图2.59所示。

步骤 15 ❶切换至"出场动画"选项卡；❷选择"渐隐"动画；❸设置动画时长为1.0s，如图2.60所示，最后调整地名文字和贴纸的末尾位置，使其与视频的末尾位置对齐。

图2.58 点击"动画"按钮　　图2.59 设置动画时长（3）　　图2.60 设置动画时长（4）

037

2.1.8 添加背景音乐

扫一扫 看视频

【画面效果展示】背景音乐是视频中必不可少的元素，能为视频增加亮点。剪映曲库中的音乐类型多样，歌曲非常丰富。画面效果展示如图2.61所示。

图2.61 画面效果展示

添加背景音乐的操作方法如下。

步骤 01 在视频起始位置点击"音频"按钮，如图2.62所示。
步骤 02 在弹出的二级工具栏中点击"音乐"按钮，如图2.63所示。
步骤 03 在"添加音乐"界面中切换至"收藏"选项卡，如图2.64所示。

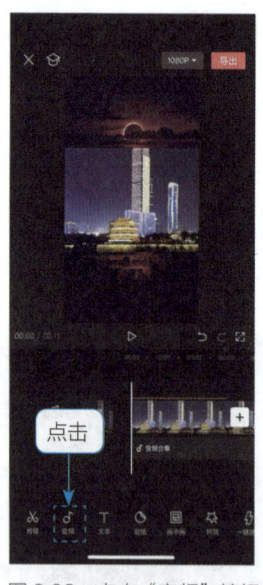

图2.62 点击"音频"按钮　　图2.63 点击"音乐"按钮　　图2.64 切换至"收藏"选项卡

步骤 04 在音乐列表中选择需要的音乐，然后点击其右侧的"使用"按钮，如图 2.65 所示。

步骤 05 ❶选择音频素材；❷在视频末尾点击"分割"按钮，如图 2.66 所示。

步骤 06 分割音频素材之后，默认选择分割后的第 2 段音频素材，点击"删除"按钮，如图 2.67 所示，删除多余的片段。

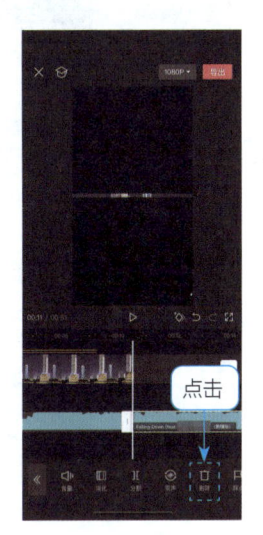

图 2.65 点击"使用"按钮　　图 2.66 点击"分割"按钮　　图 2.67 点击"删除"按钮

步骤 07 ❶选择音频素材；❷点击"淡化"按钮，如图 2.68 所示。

步骤 08 设置"淡出时长"参数为 2.0s，如图 2.69 所示，让音乐结束得更加自然。

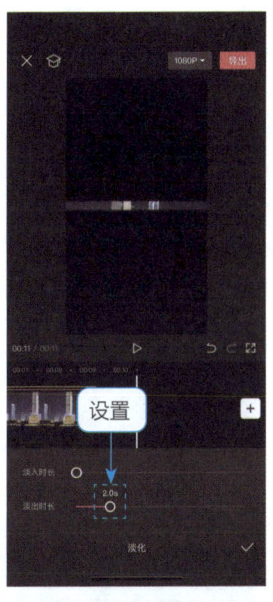

图 2.68 点击"淡化"按钮　　图 2.69 设置"淡出时长"参数

第 2 章　视频剪辑：剪出高品质的短视频效果

2.1.9 导出分享成品

【效果展示】在导出视频的时候，可以设置封面、分辨率、帧率等参数，导出之后还可以分享至抖音平台。效果展示如图 2.70 所示。

扫一扫　看视频

图 2.70　效果展示

导出分享成品的操作方法如下。

步骤 01　点击视频素材左侧的"设置封面"按钮，如图 2.71 所示。

步骤 02　❶ 滑动选择一帧画面作为封面；❷ 点击"保存"按钮，如图 2.72 所示。

图 2.71　点击"设置封面"按钮　　图 2.72　点击"保存"按钮

步骤 03 ❶点击 1080P▼ 按钮；❷设置"帧率"参数；❸点击右上角的"导出"按钮，如图 2.73 所示。

步骤 04 界面中弹出导出进度提示，如图 2.74 所示。

步骤 05 导出成功后，点击"抖音"按钮，如图 2.75 所示，把视频分享至抖音。

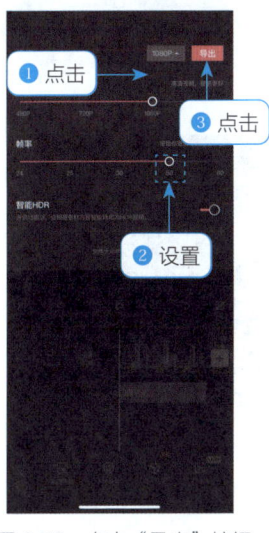

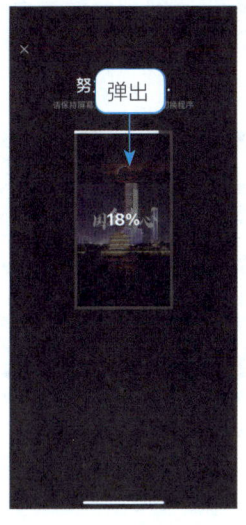

图 2.73 点击"导出"按钮　　图 2.74 弹出导出进度提示　　图 2.75 点击"抖音"按钮

步骤 06 在弹出的界面中点击"下一步"按钮，如图 2.76 所示。

步骤 07 编辑相应的内容，然后点击"发布"按钮即可发布视频，如图 2.77 所示。

图 2.76 点击"下一步"按钮　　图 2.77 点击"发布"按钮

041

2.2 多段视频的剪辑流程

扫一扫 看效果

对于多段视频，在剪辑处理上会比剪辑单段视频多一些操作，但是大部分的操作过程都是差不多的，大家可以多练习、提炼和总结要点。本节将为大家介绍多段视频的剪辑流程，最终视频效果如图2.78所示。

图2.78 最终视频效果

> **专家提醒**
>
> 在对多段视频进行剪辑时，可以先为视频素材排序，然后再依次导入剪映手机版，这样可以提升视频剪辑的效率。

2.2.1 添加多段视频和音乐

扫一扫 看视频

【效果展示】在剪映手机版中添加多段视频时，需要将其按顺序依次导入，导入多段视频之后，再添加在抖音收藏好的音乐。效果展示如图2.79所示。

图2.79 效果展示

添加多段视频和音乐的操作方法如下。

步骤 01 进入剪映"剪辑"界面，点击"开始创作"按钮，如图2.80所示。

步骤 02 ❶在"视频"选项卡中依次选择9段视频素材；❷点击"添加（9）"按钮，如图 2.81 所示。

步骤 03 添加素材至视频轨道中，点击"音频"按钮，如图 2.82 所示。

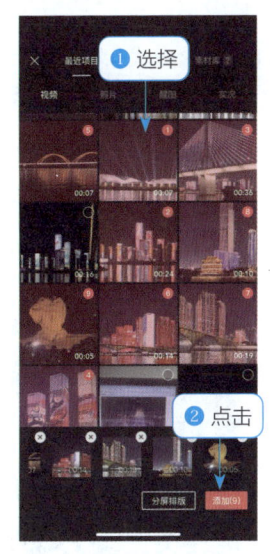

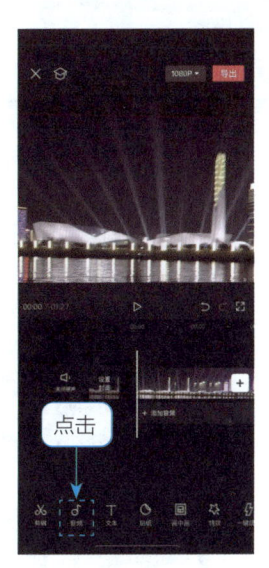

图 2.80　点击"开始创作"按钮　　图 2.81　点击"添加（9）"按钮　　图 2.82　点击"音频"按钮

步骤 04 在弹出的二级工具栏中点击"音乐"按钮，如图 2.83 所示。

步骤 05 进入"添加音乐"界面，❶输入并搜索合适的音乐；❷点击所选音乐右侧的"使用"按钮，如图 2.84 所示。

步骤 06 添加音乐至音频轨道中，如图 2.85 所示。

图 2.83　点击"音乐"按钮　　图 2.84　点击"使用"按钮　　图 2.85　添加音乐

第 2 章　视频剪辑：剪出高品质的短视频效果

043

步骤 07　❶选择音频素材；❷拖曳时间轴至音频3s左右的位置；❸点击"分割"按钮，如图2.86所示，分割音频。

步骤 08　❶选择分割后的第1个片段；❷点击"删除"按钮，如图2.87所示，删除片段。

步骤 09　调整音频素材的位置，使其开始处与视频起始位置对齐，如图2.88所示。

图2.86　点击"分割"按钮　　图2.87　点击"删除"按钮　　图2.88　调整音频素材的位置

2.2.2　设置变速效果调整时长

扫一扫　看视频

【效果展示】为了让视频具有动感，可以为视频素材设置"常规变速"和"曲线变速"效果，让视频配合音乐的节奏，忽快忽慢地播放，最后再调整素材的时长。效果展示如图2.89所示。

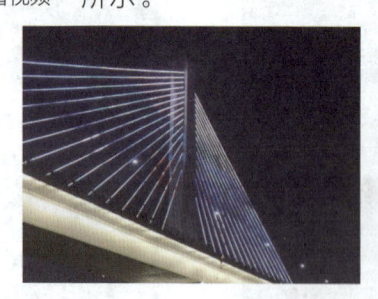

图2.89　效果展示

设置变速效果调整时长的操作方法如下。

步骤 01　点击"关闭原声"按钮，❶选择第1段视频素材；❷点击"变速"按钮，如图2.90所示。

步骤 02 在弹出的面板中点击"常规变速"按钮，如图2.91所示。

步骤 03 在弹出的面板中设置"变速"参数，如图2.92所示，使时长缩短为3.0s。

图2.90 点击"变速"按钮　　图2.91 点击"常规变速"按钮　　图2.92 设置"变速"参数

步骤 04 选择第2段素材，点击"变速"按钮，在弹出的面板中点击"曲线变速"按钮，如图2.93所示。

步骤 05 ❶在"曲线变速"面板中选择"英雄时刻"选项；❷点击✓按钮确认操作，如图2.94所示。

步骤 06 向左拖曳素材右侧的白色边框，设置其时长为1.4s，如图2.95所示。

图2.93 点击"曲线变速"按钮　　图2.94 点击相应的按钮　　图2.95 设置素材的时长

045

步骤 07 ❶选择第3段素材；❷继续选择"英雄时刻"选项，如图2.96所示。

步骤 08 在弹出的"英雄时刻"面板中可以调整变速点，使视频时长变为4.8s，如图2.97所示。

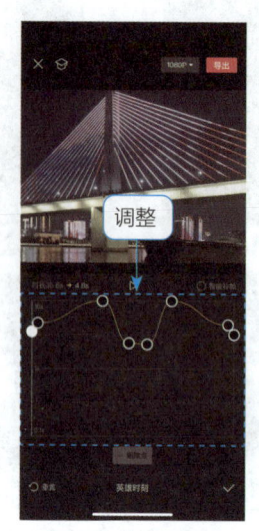

图2.96 选择"英雄时刻"选项　　图2.97 调整变速点

步骤 09 ❶选择第4段素材；❷选择"蒙太奇"选项，如图2.98所示。

步骤 10 ❶选择第5段素材；❷继续选择"蒙太奇"选项，如图2.99所示。

剩下的4段素材分别选择"英雄时刻""子弹时间""英雄时刻""蒙太奇"曲线变速选项并为第7段素材调整曲线变速点，使其时长为2.8s。

步骤 11 向左拖曳素材右侧的白色边框，设置第4段素材的时长为3.1s，第5段素材的时长为2.4s，第6段素材的时长为3.3s，第8段素材的时长为3.0s，如图2.100所示。

图2.98 选择"蒙太奇"选项（1）　图2.99 选择"蒙太奇"选项（2）　图2.100 设置素材时长

步骤 12 ❶ 选择音频素材；❷ 拖曳时间轴至视频末尾位置；❸ 点击"分割"按钮，如图2.101所示，分割音频。

步骤 13 默认选择分割后的第2个片段，点击"删除"按钮，如图2.102所示。

步骤 14 删除多余的片段，剪辑音频的时长，如图2.103所示。

图2.101 点击"分割"按钮　　图2.102 点击"删除"按钮　　图2.103 删除多余的片段

2.2.3 为素材之间设置转场

【效果展示】转场是在有两段以上的素材的时候才能设置的效果，设置合适的转场效果可以让视频画面过渡得更加自然。效果展示如图2.104所示。

扫一扫　看视频

图2.104 效果展示

为素材之间设置转场的操作方法如下。

步骤 01 点击第1段素材与第2段素材之间的"转场"按钮|，如图2.105所示。

步骤 02 弹出相应的面板，❶ 切换至"运镜"选项卡；❷ 选择"推近"转场；❸ 点击"全局应用"按钮，如图2.106所示。

步骤 03 弹出相应的应用提示，可以看到所有素材之间都设置了转场，如图2.107所示。

图 2.105 点击"转场"按钮　　图 2.106 点击"全局应用"按钮　　图 2.107 设置统一的转场效果

2.2.4 为多段素材进行调色处理

【效果对比】针对多段素材，可以用"全局应用"按钮统一调色，也可以选择单独的视频进行精准调色。调色前后的效果对比如图 2.108 所示。

扫一扫　看视频

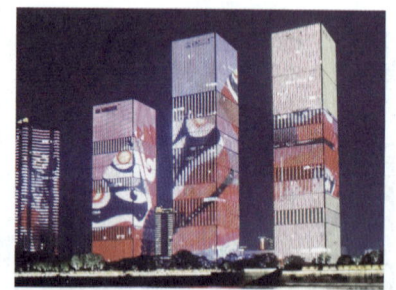

图 2.108 调色前后的效果对比

为多段素材进行调色处理的操作方法如下。

步骤 01 ❶ 选择第 1 段视频素材；❷ 点击"滤镜"按钮，如图 2.109 所示。

步骤 02 进入"滤镜"选项卡，❶ 展开"夜景"选项区；❷ 选择"冷蓝"滤镜；❸ 设置参数为 34，增强画面质感；❹ 点击"全局应用"按钮，如图 2.110 所示，把滤镜效果应用到所有的视频素材中。

步骤 03 ❶ 切换至"调节"选项卡；❷ 选择"亮度"选项；❸ 设置参数为 4，稍微提升画面的亮度，如图 2.111 所示。

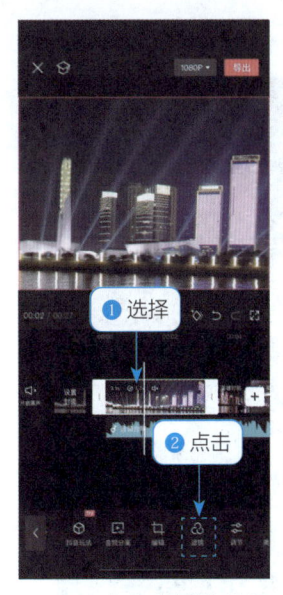

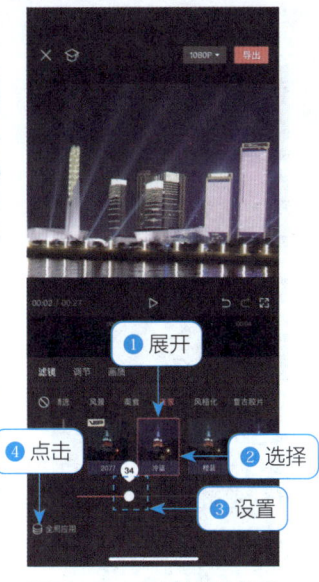

图 2.109 点击"滤镜"按钮　　图 2.110 点击相应的按钮　　图 2.111 设置"亮度"参数

步骤 04 设置"对比度"参数为 10，增强画面的明暗对比，如图 2.112 所示。

步骤 05 ❶ 设置"饱和度"参数为 7，让画面色彩更鲜艳；❷ 点击"全局应用"按钮，如图 2.113 所示，把调节效果应用到所有的视频素材中。

图 2.112 设置"对比度"参数　　图 2.113 设置"饱和度"参数

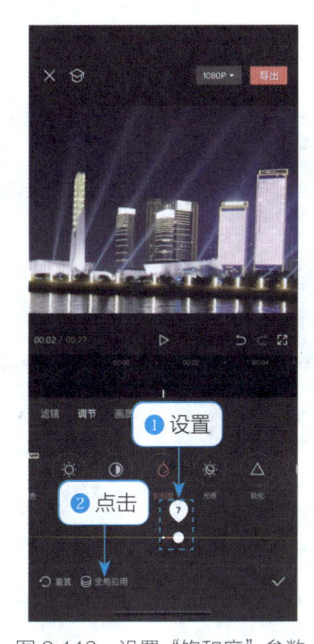

步骤 06 ❶ 选择第 5 段素材；❷ 点击"调节"按钮，如图 2.114 所示。

步骤 07 设置"色温"参数为 11，让画面偏橙黄一些，如图 2.115 所示。

049

步骤 08 设置"饱和度"参数为10，提高色彩饱和度，如图2.116所示。

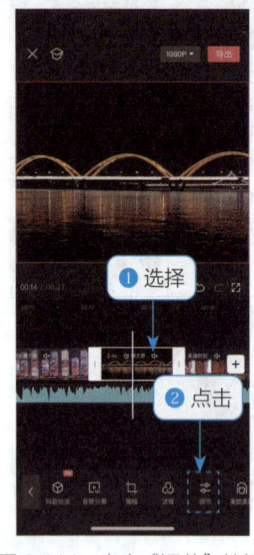

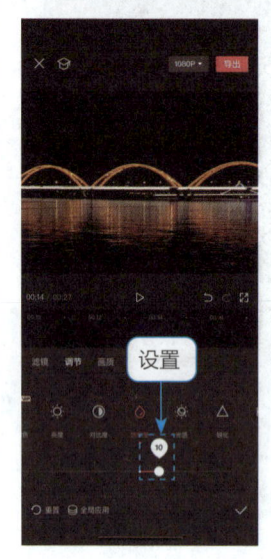

图 2.114 点击"调节"按钮　　图 2.115 设置"色温"参数　　图 2.116 设置"饱和度"参数

步骤 09 设置"色调"参数为8，在天空边缘增加一点紫色，如图2.117所示。

步骤 10 选择第9段素材并点击"调节"按钮，设置"对比度"参数为6，增强画面的明暗对比，如图2.118所示。

步骤 11 设置"亮度"参数为9，提高色彩饱和度，如图2.119所示。

图 2.117 设置"色调"参数　　图 2.118 设置"对比度"参数　　图 2.119 设置"亮度"参数

2.2.5 添加动感炫酷特效

【效果展示】为了让画面变得动感又炫酷,可以为视频添加相应的动感特效,增加画面的亮点。效果展示如图 2.120 所示。

扫一扫 看视频

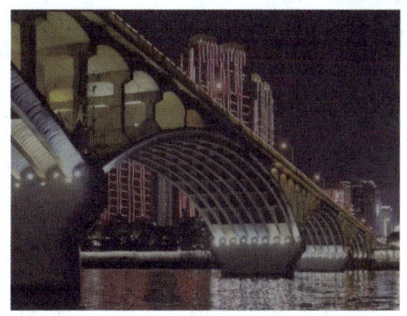

图 2.120 效果展示

添加动感炫酷特效的操作方法如下。

步骤 01 ❶拖曳时间轴至第 7 段素材中间左右的位置;❷依次点击"特效"和"画面特效"按钮,如图 2.121 所示。

步骤 02 弹出相应的面板,❶切换至"动感"选项卡;❷选择"闪黑Ⅱ"特效;❸点击 ✓ 按钮确认操作,如图 2.122 所示。

步骤 03 调整"闪黑Ⅱ"特效的时长,使其末尾位置与第 7 段素材的末尾位置对齐,如图 2.123 所示。

图 2.121 点击"画面特效"按钮    图 2.122 点击相应的按钮    图 2.123 调整特效时长

051

2.2.6 制作精彩的文字片头

【效果展示】一个精彩的片头可以吸引观众，使其对视频产生兴趣。添加合适的文字还能介绍视频主题，让观众把握视频的精华、要点。效果展示如图 2.124 所示。

扫一扫　看视频

图 2.124　效果展示

制作精彩的文字片头的操作方法如下。

步骤 01　在视频的起始位置点击"文本"按钮，如图 2.125 所示。

步骤 02　在弹出的二级工具栏中点击"新建文本"按钮，如图 2.126 所示。

步骤 03　❶输入文字；❷在"字体"选项卡的"热门"选项区中选择合适的字体，如图 2.127 所示。

图 2.125　点击"文本"按钮　　图 2.126　点击"新建文本"按钮　　图 2.127　选择合适的字体

步骤 04　❶切换至"动画"选项卡；❷选择"晕开"入场动画，如图 2.128 所示。

步骤 05　❶展开"出场"选项区；❷选择"渐隐"动画，如图 2.129 所示。

步骤 06 点击 ✓ 按钮确认操作，❶ 调整文字素材的时长，使其与第 1 段素材的末尾位置对齐；❷ 在视频 1s 左右的位置点击 ◇ 按钮添加关键帧，如图 2.130 所示。

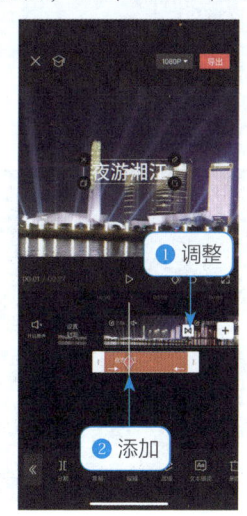

图 2.128　选择"晕开"入场动画　　图 2.129　选择"渐隐"动画　　图 2.130　添加关键帧

步骤 07 ❶ 拖曳时间轴至视频 2s 左右的位置；❷ 稍微放大文字并调整其位置，如图 2.131 所示。

步骤 08 ❶ 选择第 1 段视频素材；❷ 将时间轴拖曳至视频的开头位置；❸ 点击"动画"按钮，如图 2.132 所示。

步骤 09 ❶ 在弹出的"动画"面板中选择"斜切"入场动画；❷ 点击 ✓ 按钮确认操作，如图 2.133 所示。

图 2.131　调整文字的大小和位置　　图 2.132　点击"动画"按钮　　图 2.133　点击相应的按钮

053

2.2.7 制作字幕效果

【效果展示】运营者可以为视频添加地名文字，向观众介绍视频拍摄地点，使视频内容更加丰富。效果展示如图 2.134 所示。

扫一扫　看视频

图 2.134　效果展示

制作字幕效果的操作方法如下。

步骤 01 ❶将时间轴拖曳至第 2 段视频的开头位置；❷点击"文本"按钮，如图 2.135 所示。

步骤 02 在弹出的二级工具栏中点击"文字模板"按钮，如图 2.136 所示。

图 2.135　点击"文本"按钮　　图 2.136　点击"文字模板"按钮

步骤 03 ❶ 展开"旅行"选项区；❷ 选择一款文字模板，如图2.137所示。
步骤 04 ❶ 修改文字内容；❷ 调整文字的时长、位置和大小，如图2.138所示。
剩余的6段素材使用相同的文字模板，调整文字的时长、位置和大小。

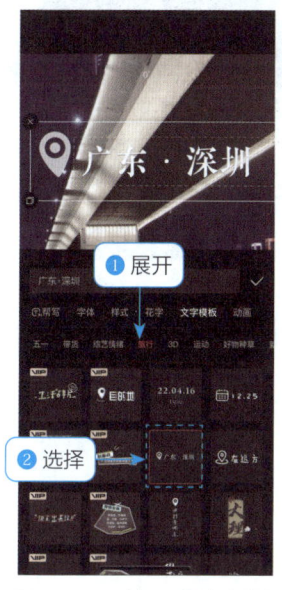

图 2.137 选择一款文字模板 　　图 2.138 调整文字的时长、位置和大小

2.2.8 制作宣传片尾效果

【效果展示】在视频结束的时候，可以制作一个宣传片尾效果，吸引观众的注意力。效果展示如图2.139所示。

扫一扫　看视频

图 2.139 效果展示

制作片尾效果的操作方法如下。

步骤 01 ❶ 将时间轴拖曳至第9段视频的开头位置；❷ 点击"新建文本"按钮，如图2.140所示。

055

步骤 02 输入文字内容，如图2.141所示，调整好文字的时长、位置和大小。

图2.140 点击"新建文本"按钮　　图2.141 输入文字内容

步骤 03 ❶选择最后一段视频素材；❷点击"动画"按钮，如图2.142所示。

步骤 04 弹出"动画"面板，❶切换至"出场动画"选项卡；❷选择"渐隐"动画，如图2.143所示，点击✓按钮确认操作。

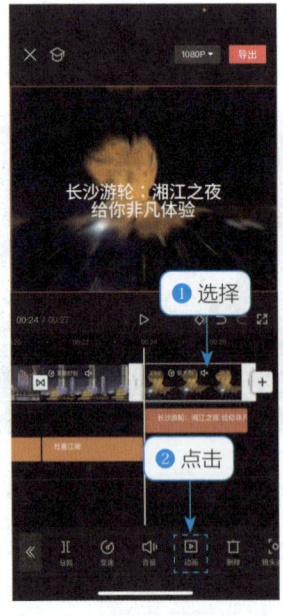

图2.142 点击"动画"按钮　　图2.143 选择"渐隐"动画

第 3 章
视频创作：打造能上热门的爆款视频

■ 学前提示

　　有些用户在刷到有趣的视频之后会关注博主，但是不会专门去看这些博主的新视频。所以有时发布的视频不会被太多人看到，在这种情况下，只有视频被推荐上热门，才能被更多人看到。本章主要介绍在短视频平台上被推荐上热门的一些实用技巧，包括上热门的基本要求、热门技巧和爆款内容等。

■ 要点展示

　　四大要求：上热门必了解
　　五大技巧：千万不要错过
　　九大内容：任你随意挑选

3.1 四大要求：上热门必了解

前段时间，笔者写了一篇让短视频快速引流吸粉的文章，读者的留言数不胜数，有的读者说方法实用，有的读者说逻辑明了，还有的读者说内容不错，但是也出现了一些不同的声音，他们在竭力反驳笔者的观点。

笔者脑海中印象深刻的是，某读者评论道："只有自拍形式的短视频才有上热门推荐的机会，官方不允许上传其他形式的短视频。"该评论下嘘声一片，甚至有评论指责该读者是"抖音菜鸟"。

笔者认真翻阅了读者评论之后没有勃然大怒，而是进行了深刻反思，究竟还有多少运营者没有深入了解短视频及其平台？笔者沉思良久，这样的运营者应该不在少数，快手和抖音只是搭建了一个平台，但是具体内容还要靠运营者自己摸索。因此，笔者在本章将短视频平台上目前较火的视频进行了总结，给大家提供参考，让短视频运营者少走弯路。

首先对于上热门，短视频平台都会提出一些基本要求，本节将介绍这些基本要求。

3.1.1 个人原创内容

抖音上的某美食账号，经常会分享自己在农村生活中从采摘材料到下锅制作美食的过程的原创视频内容，如图 3.1 所示。

图 3.1 某美食账号的原创搞笑视频

从这个案例中可以知道，抖音上热门的第一个要求就是：视频必须为个人原创。很多人开始做抖音原创之后，不知道拍摄什么内容，其实内容的选择没有那么难，可以从以下几个方面入手。

- 记录日常生活中一些有趣的事情。
- 录制唱歌、舞蹈、演奏等才艺表演。
- 用各种搞怪表情和动作吸引观众。
- 拍摄旅游的风光，展现自然的魅力。

以上列举的这些内容类型属于泛领域，运营者要想吸引更为精准的观众和粉丝，就需要从细分领域着手。例如，摄影这个领域可以分拍摄、构图和后期，运营者如果对构图方面更精通，那么可以录制一些构图教程吸引观众。

所以，运营者可以根据自身的特长和用户的需求来确定短视频的创作方向，这样获得的流量质量是比较高的。

3.1.2 视频内容完整

在创作短视频时，虽然只有15s，但是一定要保证视频时长和内容的完整度，视频短于7s很难被推荐。保证视频时长才能保证视频的基本可看性，内容演绎得完整才有机会被推荐。如果你的内容卡在一半就结束了，观众也会觉得不舒服。

图3.2所示为抖音上不完整的短视频示例，视频总是在剧情播放到最关键的时刻突然中断，要求观众观看下一集才知道剧情，这严重影响了观众观看短视频的心情。

图3.2 抖音上不完整的短视频

3.1.3 内容质量要高

在短视频平台上，短视频质量才是核心，即使是"帅哥、美女遍地走"的抖音，我们也能发现其内容远比颜值重要。只有短视频内容的质量高，才能让观众有观看、点赞和评论的欲望，而颜值只不过是起锦上添花的作用而已。

运营者的短视频想要上热门，一是内容质量高，二是短视频的清晰度也要高。短视频引流是一个漫长而又难捱的过程，运营者要心平气和，耐心地拍摄高质量的短视频，积极地与粉丝互动，多学习热门的剪辑手法。只要有足够的付出，一定可以拍摄出热门短视频。

3.1.4 积极参与活动

对于平台推出的官方活动一定要积极参与，参与那些刚刚推出的活动后，只要你的作品质量尚可，就会被推荐，运气好还能上热门。图 3.3 所示为抖音官方活动。

图 3.3　抖音官方活动

3.2　五大技巧：千万不要错过

抖音逐渐完成了自己的进化，从最初以运镜、舞蹈为主的短视频内容，发展到如今的旅行、美食、正能量、萌宠、搞笑、影视解说以及创意等多元化的短视频内容。

2022年，快手平台也对观众的观看偏好进行了统计，不同年龄段用户的喜好体现了平台内容的多元化。图3.4所示为2022年快手视频播放偏好统计。

图 3.4　快手视频播放偏好统计（摘自《2022快手年度数据报告》）

虽然每天都有成千上万的短视频用户将自己精心制作的视频上传到短视频平台上，但是被标记为精选和上热门的视频却寥寥无几，那么到底什么样的视频可以被推荐呢？本节将介绍短视频上热门的技巧。

3.2.1　题材内容新颖

俗话说"台上十分钟，台下十年功"，快手、抖音上有创意和脚踏实地的短视频从不缺少粉丝的点赞和喜爱。

短视频运营者也可以结合自身优势，打造出有创意的视频。例如，某抖音账号喜欢在抖音上分享一些稀奇古怪的食物吃法，如煎鱼骨、炸"煤球"等。观众在看到该短视频之后，因其独特的创意和高超的技艺而纷纷点赞，如图3.5所示。

图 3.5　煎鱼骨、炸"煤球"视频

061

除了展示各种技艺之外，短视频运营者还可以通过奇思妙想打造一些生活小妙招。例如，一位抖音运营者通过分享一些家居实用小妙招，获得了很多的点赞，如图3.6所示。

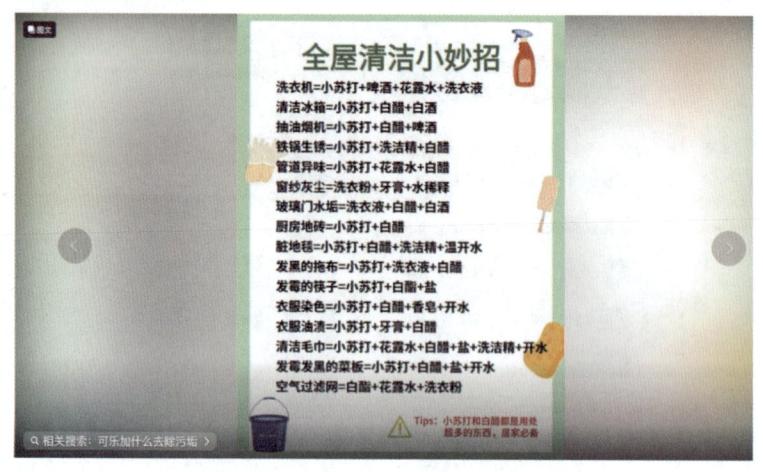

图3.6　分享家居实用妙招的视频

在笔者看来，创意类内容除了这种"脑洞大开"的视频外，更多的是指搞笑视频、段子、生活用品的妙用等，即使是相似的内容也能戳中用户的笑点。

一般来说，观众之所以会给运营者发布的视频点赞，主要有两个原因：一是喜欢运营者发布的视频内容；二是收藏这条视频，方便以后能够找到。搞笑类视频偏向于前者，分享门槛低；分享生活用品的妙用类视频则偏向于后者。

3.2.2　发现美好生活

生活中处处充满美好，缺少的只是发现美好的眼睛。用心记录生活，生活也会时时回馈给你惊喜。下面来看看抖音上的达人是如何拍摄平凡的生活片段赢得大量粉丝关注的。

有时候我们在不经意之间可能会发现一些平时看不到的东西，或者是创造出一些新事物，此时这些新事物便有可能会给人一种美好的感觉。例如，某短视频运营者用短视频分享身边的美景，不仅丰富了自己的生活，而且为他人带来了愉悦和美的享受，这便属于自己创造了生活中的美好，如图3.7所示。

图3.7　展示生活中的美好的短视频

美好生活体现在许多方面，用抖音分享一些身边的美景也是一种方式，如图 3.8 所示。记住，美好生活并非遥不可及，它就在我们身边，只不过需要我们去发现、去珍惜、去分享。

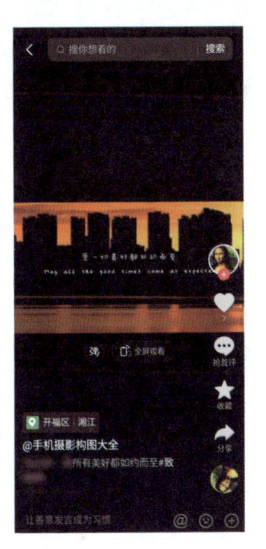

图 3.8 展示生活的短视频

3.2.3 内容积极乐观

什么是正能量？百度百科给出的解释是："正能量指的是一种健康乐观、积极向上的动力和情感，是社会生活中积极向上的行为。"接下来，笔者将从 4 个方面结合具体案例进行解读，让大家了解什么样的内容才是正能量的。

1. 好人好事

好人好事包含的范围很广，在短视频平台上，我们可以分享以下好人好事的视频内容。

（1）助人为乐：分享帮助他人的视频，可以传递正能量，让人感受到善良和热心。

（2）感人故事：分享令人感动的视频，如救援行动、感人瞬间等，可以让人们感受到人性的温暖和互助精神。

（3）社会公益：分享关注社会公益的视频，如环保行动、关爱弱势群体等，可以唤起人们对社会公益的关注，推动社会进步。

（4）宠物关爱：分享宠物相关的视频，如救助流浪动物等，可以传递爱与关怀，让人们关注到动物的权益和福利。

（5）慈善活动：分享慈善组织和活动相关的视频，如物资捐赠、义卖活动等，可以让更多人了解慈善事业的重要性，并积极参与其中。

（6）志愿者行动：分享志愿者参与的各种行动，如环保清理、社区服务、支教等，可以传递志愿精神，鼓励人们为社会贡献力量。

2. 文化内容

文化内容包含书法、乐曲和武术等，这类内容在快手上具有较强的号召力。如果快手运营者有文化内容方面的特长，可以用短视频的方式展示给快手用户，让快手用户感受到文化的魅力。图 3.9 所示便是通过展示书法写作来让快手用户感受文化魅力的视频。

图 3.9 展示书法写作的短视频

3. 努力拼搏

当短视频用户看到短视频中那些努力拼搏的身影时，会感受到满满的正能量，这会让短视频用户在深受感染之余，从内心产生一种认同感。而在快手中表达认同最直接的一种方式就是点赞。因此，那些传达努力拼搏精神的视频，通常比较容易获得较高的点赞量，如图 3.10 所示。

图 3.10 关于努力拼搏的短视频

4. 祖国山河

《大好山河》里有这么一句歌词："心情大好，出去走走，碧海蓝天，吹吹风；河山大好，出去走走，别窝在家，当懒虫。"分享一些山河景色的短视频，不仅可以让大家感受祖国大地的美好，还能开阔眼界，如图3.11所示。

图3.11 关于山河景色的短视频

3.2.4 拍摄反转剧情

拍摄反转剧情需要合理安排情节，认真塑造人物形象，制造意外惊喜，以吸引观众的注意力，相关技巧如下：

（1）打破观众的心理期待。反转是一种打破观众心理期待的故事结构方式，通过形成意外制造悬念，增加情节推进的戏剧化程度。

（2）人物身份或命运的转变。反转剧情中的人物通常是扁形人物，易于突出二元对立，使观众聚焦于人物的转变，实现最大限度的戏剧化。

（3）情节向相反情境转化。情节向相反情境转化是反转形成的内在原因，要使剧情朝着观众心理期待的相反方向发展。

（4）使用视听语言叙事。反转更强调通过视听语言的叙事，打破观众的心理期待，使剧情朝着观众心理期待的相反方向发展。

（5）制造意外。反转剧情通常包含超现实因素在内，其中的转变是一种经过浓缩夸张的戏剧化效果。而其制造的意外，一般对生活中的原有场景进行了戏剧化处理，使其看上去"似乎是现实"，又不同于现实。

（6）精心设计反转点。反转点是反转剧情的关键，要合理地安排反转点，使其出现在合适的时间和位置，以便更好地推动剧情发展。

3.2.5 紧抓实时热点

很多运营者虽然参加了抖音上的挑战赛，"热梗"也玩了不少，视频都是原创，制作还很用心，但是为什么就是得不到系统推荐，点赞数也特别少呢？

一条视频要想在抖音上火起来，除"天时、地利、人和"以外，还有两个重要的技巧：一是要有足够吸引人的全新创意，二是要有丰富的内容。要做到这两点，最简单的方法就是紧抓官方热点话题，这里不仅有丰富的内容形式，而且还有大量的新创意玩法。

抖音上每天都会有不同的话题，运营者发视频的时候可以添加一个话题，这样制作优秀的视频就会被推荐到首页，从而提高视频的曝光率，同时也会引来相同爱好者更多的点赞与关注。

图 3.12 所示为添加"实用生活小妙招"话题的短视频上了热门推荐。短视频运营者也可以通过"抖音小助手"的精选视频分析这些获得高推荐量视频的内容特点，学习其优点，从而改进自己的缺点。

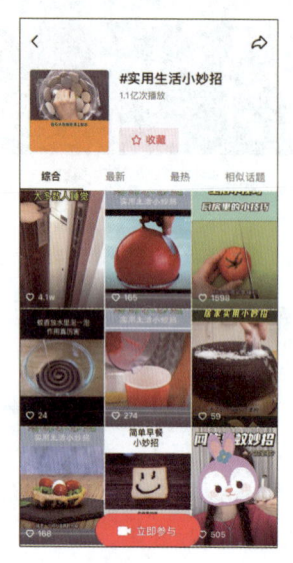

图 3.12　添加"实用生活小妙招"话题的视频

3.3　九大内容：任你随意挑选

不管是做电商营销、自媒体还是做"抖商"，对于那些爆款产品一定要时刻保持敏锐的嗅觉，及时地研究、分析，总结他人成功的原因。不要一味地认为那些成功的人都是运气好，而要思考和总结他们是如何成功的，多积累成功的经验，站在"巨人的肩膀"上，你才能看得更高、更远，才更容易超越他们。本节总结了短视频的九大热门内容，供大家参考。

3.3.1　才艺双全更好

才艺包含的范围很广，除了常见的唱歌、跳舞之外，还包括摄影、绘画、书法、演奏、相声、脱口秀等。

只要视频中展示的才艺足够独特，并且能够让抖音、快手用户觉得赏心悦目，那么，视频很容易就能上热门。下面笔者分析和总结了一些快手、抖音"大V"们惯用的才艺内容。

1．唱歌

唱歌是一种通过音乐来表达情感和个性的方式。我们可以在抖音和快手上分享流行、民谣、摇滚等各种类型的歌曲视频，尤其是那些具有感染力的歌曲往往能吸引大量的观众。

2. 跳舞

跳舞是一种通过身体动作来表达情感和美感的方式。我们可以在抖音和快手上分享街舞、芭蕾、爵士等各种类型的跳舞视频。跳舞视频不仅可以给观众带来美的享受，同时也可以让自己学习一些跳舞技巧。

3. 摄影

摄影是一种通过捕捉瞬间来表达情感和创意的方式，许多摄影师在抖音和快手上分享他们的作品，并配以感人的文字或音乐，引发观众的情感共鸣，吸引大量点赞和关注，如图 3.13 所示。

图 3.13　分享摄影作品

4. 绘画

绘画是一种通过色彩和线条来表达情感和想象的方式。有许多画家会在抖音和快手上分享他们的创作过程和完成的作品，观众可以欣赏到不同绘画风格带来的不同美感，同时也可以学习到一些绘画技巧。

5. 演奏

演奏是一种通过乐器来表达情感和音乐的方式。许多演奏家会在抖音和快手上分享他们的演奏视频，包括钢琴、吉他、小提琴等各种乐器。演奏视频往往能给观众带来美的享受，同时也可以让观众了解和学习不同的乐器。

6. 相声

相声是一种中国传统的语言艺术。其以幽默诙谐的话语和对话来娱乐观众，往往能将观众逗笑，从而赢得大量的点赞和关注。

7. 脱口秀

脱口秀是一种以个人独特观点和生活观察来娱乐观众的方式。脱口秀能让观众感受到不同的生活视角，引发思考和讨论。

以上这些才艺类型只是其中的一部分，实际上还有许多其他类型的才艺在抖音和快手上受到欢迎，如魔术、手工制作、烹饪等。只要视频中展示的才艺足够独特，并且能够让观众觉得赏心悦目，那么，视频就很容易上热门。这也正是这些平台吸引各种不同类型才艺人才的重要原因。

3.3.2 搞笑视频段子

幽默搞笑类的内容一直都不缺观众。许多人之所以经常刷快手、抖音，主要就是因为快手、抖音中有很多短视频内容能够逗人一笑。所以那些笑点十足的短视频很容易在快手、抖音中爆火，有的搞笑类视频的播放量甚至达上万亿次，如图3.14所示。

图3.14　搞笑类视频

3.3.3 "恶搞"创造新意

根据企鹅调研平台的《抖音/快手用户研究数据报告》显示，在抖音和快手这两个平台上最受欢迎的短视频类型都是"搞笑/恶搞"类，其中抖音平台上的比例高达82.3%（多选），快手平台上的比例也达到了69.6%（多选）。在后现代解构主义中，戏仿、恶搞或重新解读经典是"恶搞"的精髓，最典型的是《大话西游》因大学生的解构，一跃成为影视经典。

当然，在抖音和快手等短视频平台上，各种恶搞和戏仿的短视频不在少数。因此，运营者要拍摄或剪辑出热门的短视频，就要灵活运用"恶搞"手法将经典桥段进行反向改编，创造出新意。

灵活运用"恶搞"手法可以让短视频更加有趣和吸引人，但是不要过度使用，避免内容过于低俗或不恰当。要保持内容的健康和积极，同时也要注重创新和新颖，才能打造出真正受欢迎的短视频。图3.15所示为一些"恶搞"视频的常用手法。

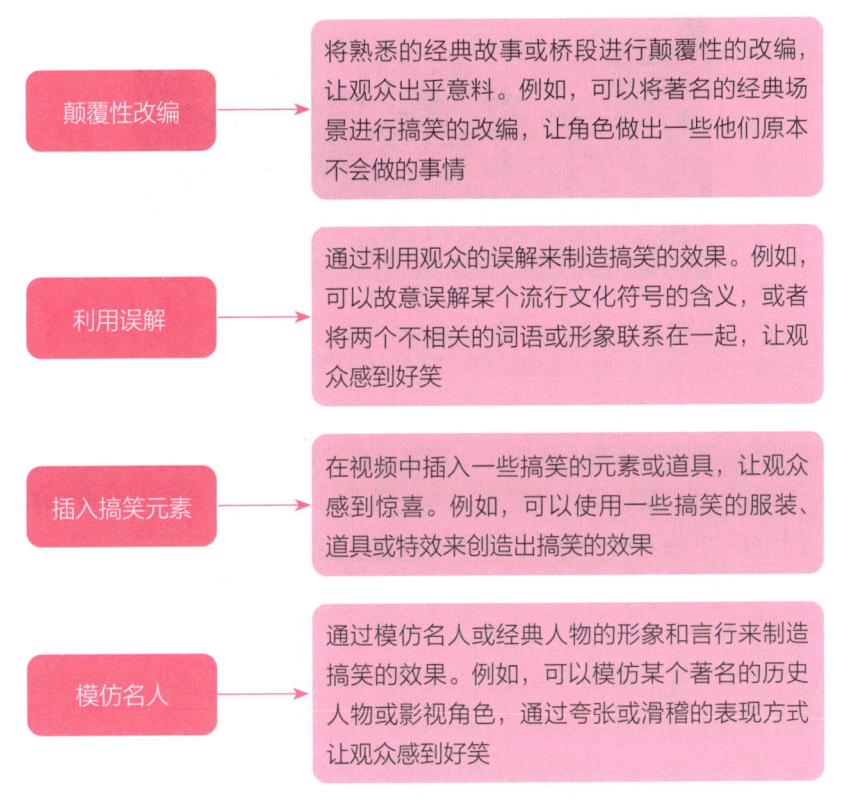

颠覆性改编	将熟悉的经典故事或桥段进行颠覆性的改编，让观众出乎意料。例如，可以将著名的经典场景进行搞笑的改编，让角色做出一些他们原本不会做的事情
利用误解	通过利用观众的误解来制造搞笑的效果。例如，可以故意误解某个流行文化符号的含义，或者将两个不相关的词语或形象联系在一起，让观众感到好笑
插入搞笑元素	在视频中插入一些搞笑的元素或道具，让观众感到惊喜。例如，可以使用一些搞笑的服装、道具或特效来创造出搞笑的效果
模仿名人	通过模仿名人或经典人物的形象和言行来制造搞笑的效果。例如，可以模仿某个著名的历史人物或影视角色，通过夸张或滑稽的表现方式让观众感到好笑

图3.15 "恶搞"视频的常用手法

3.3.4 特效玩转抖音

抖音中的特效种类繁多，从自然景物到音乐节奏，从简单的色彩变化到复杂的图像动画，可以说包罗万象。例如，图 3.16 展示的是抖音中比较常见的一种控雨特效玩法，视频中的人物可以用手来控制雨滴的落下和停止，大家可以使用剪映来制作这种特效。

图 3.16　控雨特效玩法

3.3.5　旅游所见美景

　　短视频类型越来越丰富，其中山水美景、星空摄影和旅游风光类型的短视频不可胜数，它们大多能激起用户"说走就走"的心灵共鸣，让很多想去而去不了的人产生心理上的满足感。短视频平台也乐于推荐这类高质量的短视频，如抖音有"拍照打卡地图"功能，同时也发布了很多示范打卡地图的短视频，积极引导运营者创作相关的作品。

　　随着抖音的火爆，很多"网红"景点顺势打造爆款 IP（intellectual property，知识产权）。例如，《西安人的歌》+ 摔碗酒"成就西安旅行大 IP，"穿楼而过的轻轨+8D 魔幻建筑落差"让重庆瞬间升级为超级"网红"城市，"土耳其冰淇淋"让厦门鼓浪屿吸引了更多慕名而来的游客。"网红"经济时代的到来，城市地标不再只是琼楼玉宇，它还可以是一面墙、一座码头。

　　"抖音同款"为城市找到了新的宣传突破口，通过一个个 15s 的视频，城市中每个具有代表性的吃食、建筑和工艺品都被高度地提炼，配以特定的音乐、滤镜和特效，进行重新演绎，呈现出了超越文字和图片的感染力。图3.17所示为长沙的网红景点。

在过去，人们要描绘"云想衣裳花想容"这样的画面，需要繁复地解释和描绘，但是现在在抖音上发布一个汉服古装的挑战，所有人就能通过这些不超过1min的短视频了解到其内涵。

图3.17 长沙的的网红景点

3.3.6 "戏精"表演技巧

"戏精"类内容是指主播运用自身的表演技巧和出乎意料的剧情安排将品牌的特性完美展现。"戏精"类视频内容非常适合发起话题挑战，因为会吸引很多UGC（user generated content，用户原创内容）共同参与创作。图3.18所示为抖音上的"戏精"话题。

图3.18 抖音上的"戏精"话题

3.3.7 技能传授视频

许多快手和抖音用户是抱着猎奇的心态刷短视频的。那么，什么样的内容可以吸引这些用户呢？其中一种就是技能传授类的内容。

为什么呢？因为快手和抖音用户在看到自己没有掌握的技能时，会感到不可思议。技能包含的范围比较广，既包括各种绝活，又包括一些小技巧。图 3.19 所示的短视频展示的就是生活中的小妙招，教大家如何将小袋子套在大垃圾桶上面使用，既环保又实用。

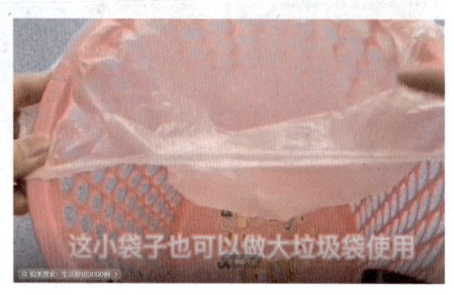

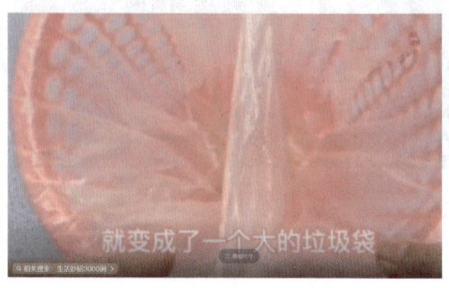

图 3.19　传授实用生活小妙招的视频

很多技能都是经过长期训练的产物，普通快手、抖音用户可能也不能轻松地掌握。其实，除了难以掌握的技能之外，快手、抖音运营者也可以在视频中展示一些抖音用户学得会、用得着的技能。例如，许多爆红抖音的技能便属于此类，如图 3.20 所示。

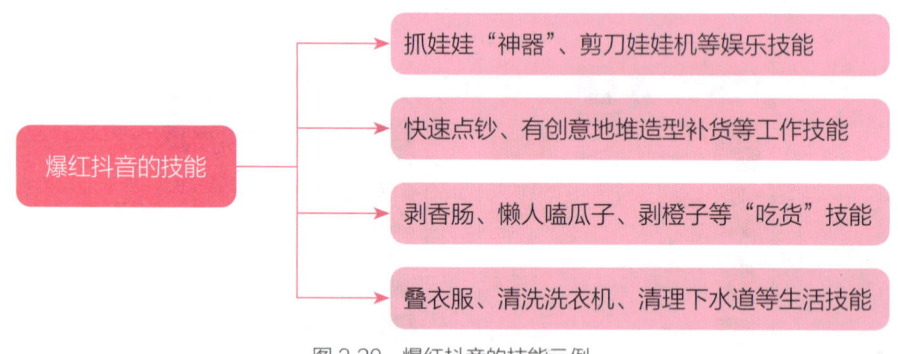

爆红抖音的技能
- 抓娃娃"神器"、剪刀娃娃机等娱乐技能
- 快速点钞、有创意地堆造型补货等工作技能
- 剥香肠、懒人嗑瓜子、剥橙子等"吃货"技能
- 叠衣服、清洗洗衣机、清理下水道等生活技能

图 3.20　爆红抖音的技能示例

与一般的内容不同，技能类的内容能给抖音用户耳目一新的感觉。如果觉得视频中的技能在日常生活中用得上，就会进行收藏，甚至将视频转发给自己的亲朋好友。因此，只要你在视频中分享的技能在抖音用户看来是实用的，那么播放量通常会比较高。

3.3.8 专业领域视频

有时候专门拍摄短视频比较麻烦，如果快手、抖音运营者能够结合自己的兴趣爱好和专业打造短视频内容，对一些大众都比较关注的方面进行信息的普及，那么，短视频的制作就会变得容易很多。而且，如果普及的内容有收藏价值，快手、抖音用户也很乐意给你的短视频点赞甚至收藏。

例如，抖音号"网易云音乐"主要是对音乐进行普及，抖音号"手机摄影构图大全"主要是对摄影技巧进行普及。因为音乐和摄影都有广泛的受众，而且其分享的内容对于抖音用户也比较有价值，因此，这两个抖音号发布的短视频内容都得到了不少抖音用户的支持。图 3.21 所示为这两个抖音号发布的短视频。

图 3.21　普及推广型短视频

"手机摄影构图大全"利用自己的专业性经常在账号上分享关于摄影、构图的技巧，相关的摄影爱好者如果想要学习知识，就会点击关注账号。需要注意的是，运营者发布的内容要有真材实料，不能过于肤浅，只有分享的知识具有实用性，才能真正提高用户的关注度。

3.3.9　知识推广视频

如果快手、抖音用户看完你的短视频之后能够获得一些知识，那么他们自然会对你发布的短视频感兴趣。

制作知识推广视频需要做充分准备，要认真编写脚本、选择合适的素材和音乐，并使用专业的视频编辑软件进行制作，相关技巧如图 3.22 所示。

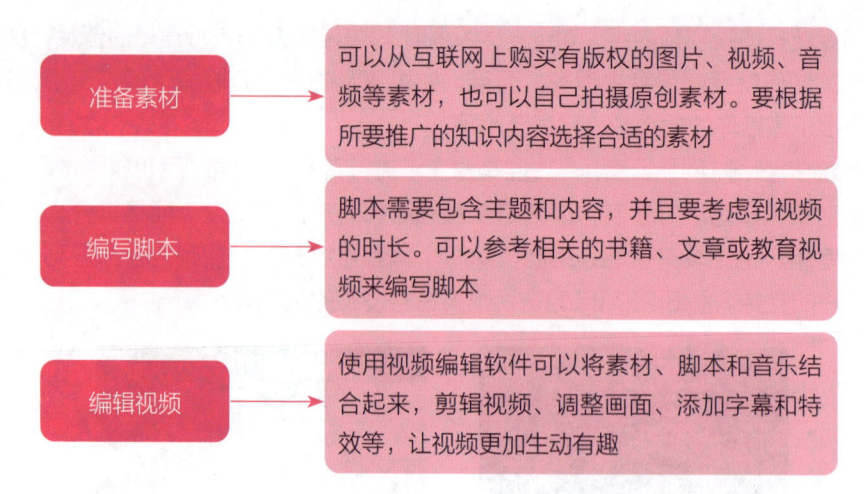

准备素材	可以从互联网上购买有版权的图片、视频、音频等素材，也可以自己拍摄原创素材。要根据所要推广的知识内容选择合适的素材
编写脚本	脚本需要包含主题和内容，并且要考虑到视频的时长。可以参考相关的书籍、文章或教育视频来编写脚本
编辑视频	使用视频编辑软件可以将素材、脚本和音乐结合起来，剪辑视频、调整画面、添加字幕和特效等，让视频更加生动有趣

图3.22 制作知识推广视频的相关技巧

此外，在制作知识推广视频的过程中，要有一个好的标题和内容，让人们愿意停下来观看；同时注意视频配乐的搭配合理，与短视频内容相符；标签要合理且全面准确，便于用户快速找到你的视频；简介要醒目简洁，让用户对你的知识推广视频有一个初步认识。

第4章
账号运营：优化设置吸引更多的关注

■ 学前提示

　　运营者要想运营好短视频平台，首先需要注册一个自己的账号，其次是对自己的账号和将要制作的内容进行定位，并根据这个定位策划和拍摄短视频内容，掌握基本的运营技巧，提升账号质量。

■ 要点展示

　　账号：设置基本信息
　　定位：为账号打上精准标签
　　内容：持续输出优质作品
　　运营：提高账号质量

4.1 账号：设置基本信息

试想一下，用户在刷短视频时，通常是利用碎片化的时间快速浏览，当他们浏览到一个页面的时候为什么会停下来？

他们停下来的根本原因是被表面的东西吸引了，并不是具体的内容，内容是用户点进去之后才能看到的。那么表面的东西是什么？它主要指的是抖音号的整体数据和封面图，以及账号对外展示的东西，如名字、头像、简介和标题等，本节将分别为大家介绍如何在抖音和快手这两个平台上设置账号基本信息。

4.1.1 抖音账号设置

在运营抖音之前，需要先拥有一个自己的账号并设置相关基本信息，才能进行下一步操作，具体内容如下。

1. 注册登录

抖音账号的注册比较简单，用户既可以输入手机号进行验证登录，如图 4.1 所示，又可以直接使用头条号、QQ 号、微信号和微博号等第三方平台账号进行登录，如图 4.2 所示。

图 4.1　用手机验证码登录界面　　　图 4.2　用第三方平台账号进行登录

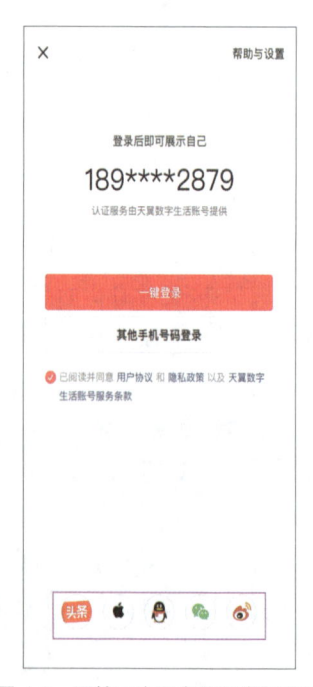

2. 账号名字

抖音账号的名字需要有特点，最好和定位相关，还能让人眼前一亮。例如，抖音上的"墨香阁书画"和"张小厨教做菜"这两个账号，名字不仅特别，而且通俗易懂。

抖音运营者在设置账号名字时有 3 个基本的技巧，具体如下。

- 名字不能太长，否则难以给用户留下深刻的印象。
- 名字尽量不要用生僻字或过多的表情符号。
- 最好能体现人设感，即看见名字就能联系到人设。人设包括姓名、年龄、身高等人物的基本设定，以及企业、职位和成就等背景设定。这样的话，平台用户一看就知道你是做什么的，如果他们对你的业务有需求，便会直接关注你的账号。

3. 账号头像

账号的头像也需要有特点，必须展现自己最有特色的一面，或者展现企业的良好形象，用户可以进入"编辑资料"界面，从相册选择图片或拍照即可修改头像。图 4.3 所示为抖音个人号"手机摄影构图大全"与企业号"网红长沙"的头像。

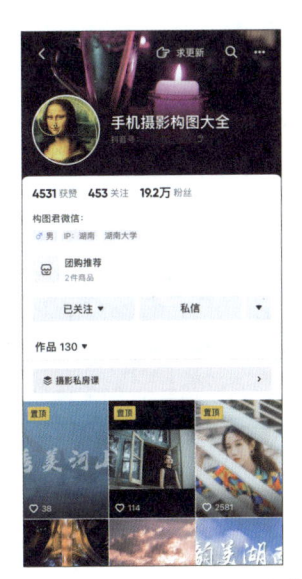

图 4.3　抖音个人头像（左）与抖音企业头像（右）

在设置账号头像时有 3 个基本的技巧，具体如下。

- 头像一定要清晰。
- 个人人设账号一般使用主播肖像作为头像。
- 团体人设账号可以使用代表人物形象作为头像，或者使用公司名称、Logo（logotype，徽标或商标）等标志。

4. 账号简介

除了头像、昵称的设置之外，抖音运营者还可在"编辑个人资料"界面中填写性别、生日/星座、所在地和个人介绍等个人资料。

在这些资料中，抖音运营者需要注意的是账号简介。一般来说，抖音账号简介通常需要简单明了，用一句话概括总结。其主要原则是"描述账号＋引导关注"，基本设置技巧如下。

- 前半句描述账号特点或功能，后半句引导关注，一定要明确出现关键词"关注"。
- 账号简介可以用多行文字，但是一定要在多行文字的视觉中心出现"关注"二字。
- 用户可以在简介中巧妙地推荐其他账号，但是不建议直接出现"微信"二字，可用 WX 等字母或谐音代替。

5. 申请官方认证

用户可以在抖音的"设置"界面中选择"账号与安全"选项，进入"账号与安全"界面，选择"申请官方认证"选项，如图 4.4 所示。

进入"抖音官方认证"界面即可申请官方认证，认证类型分为个人认证、组织认证和经营角色认证，如图 4.5 所示。需要注意的是，申请企业认证需要提前准备好营业执照等材料。

图 4.4　选择"申请官方认证"选项　　图 4.5　"抖音官方认证"界面

> **专家提醒**
>
> 同样的内容用不同的账号发出来，效果是完全不一样的，尤其是认证和没有认证的账号，差距非常大。为什么会出现这种情况呢？因为抖音短视频平台在给抖音账号一定流量和推荐的时候，通常会衡量该账号的权重。

4.1.2 快手账号设置

本节将对快手号的登录和信息设置的相关内容进行简单的介绍。

1. 登录账号

与大多数 App 不同的是，在快手中无须进行相关的注册操作，只需用手机号和相关平台的账号即可登录快手平台。如果用户在此之前已经进行了授权登录，便可以点击下方的"一键登录"按钮，如图 4.6 所示。

如果用户在此之前注册过快手极速版，也可以直接登录快手 App，另外用户还可以使用微信号、QQ 号和微博号等第三方平台账号进行登录，如图 4.7 所示。

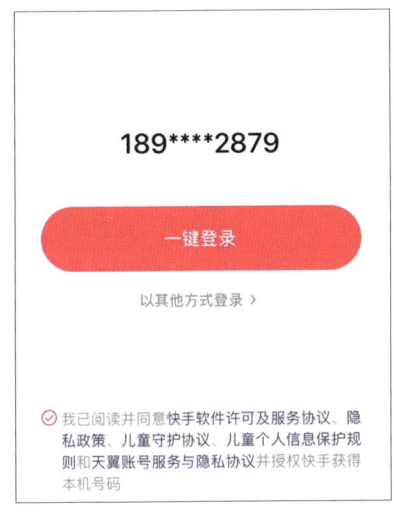

图 4.6　点击"一键登录"按钮　　　　图 4.7　用第三方平台账号进行登录

2. 头像昵称

头像和昵称是快手号的门面，许多快手用户看一个快手号时，首先注意的通常也是账号的头像和昵称。因此，头像和昵称的设置就显得尤为重要。

（1）头像。通常来说，可以根据需要达到的目的在快手 App 的"编辑个人资料"界面中设置快手号的头像。如果快手运营者的运营重点是打造自身形象，可以将个人形象照设置为快手头像；如果快手运营者是以销售产品为主，可以将产品图片设置为快手头像。

（2）昵称。和头像相同，快手号的昵称也可以在"编辑个人资料"界面中进行设置。快手运营者在设置快手号昵称时，需要特别注意如下两点。

- 账号设置对字数有限制，最多不能超过 12 个字。
- 可以将账号的业务范围等重要信息设置为账号昵称，这样快手用户一看就知道你是做什么的。如果对你的业务有需求，快手用户便会直接关注你的账号。

3. 填写资料

除了头像、昵称和快手号的设置之外，快手号运营者还可以在"编辑个人资料"界面中填写性别、生日/星座、所在地和个人介绍等个人资料。这些资料填写完之后，将在快手昵称下方进行显示。

对于性别、生日/星座和所在地，快手运营者只需根据自身实际情况进行填写即可。而个人介绍则可以填写自身业务、产品购买、订单查询和联系方式等重点内容。

4.2 定位：为账号打上精准标签

账号定位是指运营者要做一个什么类型的短视频账号，然后通过这个账号获得什么样的粉丝群体，同时这个账号能为粉丝提供哪些价值。对于短视频账号来说，需要运营者从多个方面考虑账号定位，不能只单纯地考虑自己，或者只打广告和卖货，而忽略了给粉丝带来的价值，这样很难运营好账号，难以得到粉丝的支持。

短视频账号定位的核心规则为：一个账号只专注于一个垂直细分领域，只定位一类粉丝人群、只分享一个类型的内容。本节将介绍短视频账号定位的相关方法和技巧，帮助大家做好账号定位的运营。

4.2.1 厘清账号定位

定位理论的创始人杰克·特劳特（Jack Trout）曾说过："所谓定位，就是令你的企业和产品与众不同，形成核心竞争力；对受众而言，即鲜明地建立品牌。"

其实，简单来说，定位包括以下 3 个关键问题。

- 你是谁？
- 你要做什么事情？
- 你和别人有什么区别？

对于短视频的账号定位来说，需要在此基础上对问题进行一些扩展，具体如图 4.8 所示。

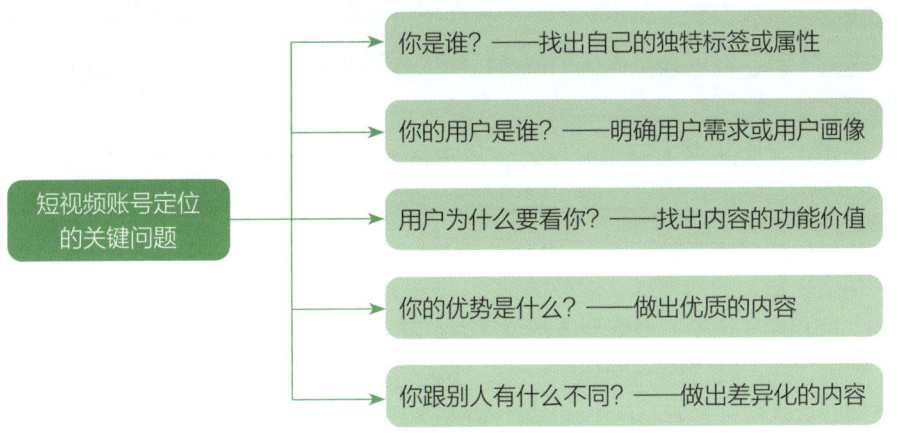

短视频账号定位的关键问题：
- 你是谁？——找出自己的独特标签或属性
- 你的用户是谁？——明确用户需求或用户画像
- 用户为什么要看你？——找出内容的功能价值
- 你的优势是什么？——做出优质的内容
- 你跟别人有什么不同？——做出差异化的内容

图 4.8　短视频账号定位的关键问题

以抖音为例，该平台上不仅有数亿的用户量，而且每天更新的视频数量也在百万以上，那么如何让自己发布的内容被大家看到和喜欢呢？关键在于做好账号定位。账号定位的作用在于：直接决定了账号的涨粉速度和变现难度，同时也决定了账号的内容布局和引流效果。

4.2.2　账号定位理由

运营者在准备注册短视频账号时，必须将账号定位放在第一位，只有把账号定位做好了，之后的短视频运营之路才会顺畅。图 4.9 所示为将账号定位放到第一位的 5 个理由。

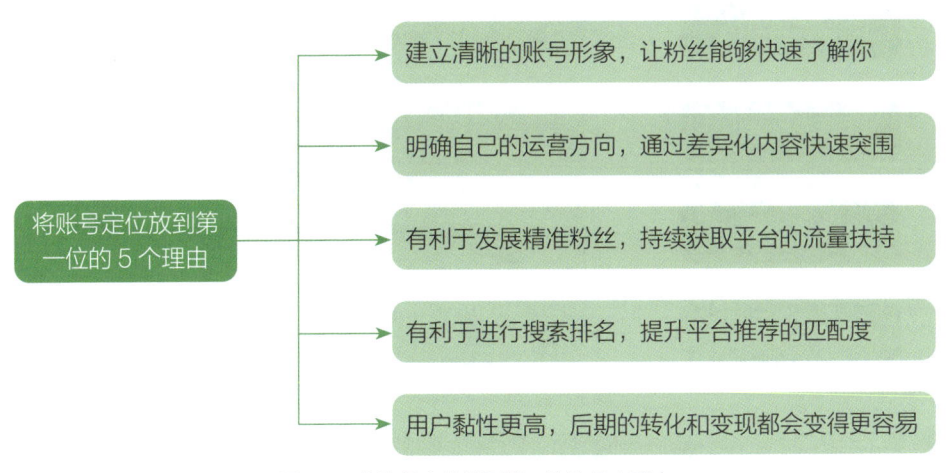

将账号定位放到第一位的 5 个理由：
- 建立清晰的账号形象，让粉丝能够快速了解你
- 明确自己的运营方向，通过差异化内容快速突围
- 有利于发展精准粉丝，持续获取平台的流量扶持
- 有利于进行搜索排名，提升平台推荐的匹配度
- 用户黏性更高，后期的转化和变现都会变得更容易

图 4.9　将账号定位放到第一位的 5 个理由

4.2.3　打上精准标签

标签指的是短视频平台给运营者的账号分类的指标依据，平台会根据运营者发

081

布的内容给其账号打上对应的标签，然后将运营者的内容推荐给对这类标签的作品感兴趣的人群。在这种个性化的流量机制下，不仅提升了运营者的创作积极性，而且增强了观众的观看体验。

例如，某个平台上有 100 个人，其中有 50 个人对旅行感兴趣，而另外 50 个人不喜欢旅行类的内容。此时，如果你刚好是做旅行类内容的账号，但却没有做好账号定位，平台没有给你的账号打上"旅行"这个标签，那么系统会随机将你的内容推荐给平台上的所有人。这种情况下，你的内容被观众点赞和关注的概率就只有 50%，而且由于点赞率过低会被系统认为内容不够优质，而不再给你推荐流量。

相反，如果你的账号被平台打上了"旅行"的标签，此时系统不再随机推荐流量，而是精准推荐给喜欢看旅行类内容的 50 个人。这样，你的内容获得的点赞和关注数据就会非常高，从而获得系统给予的更多推荐流量，让更多人看到你的作品并喜欢上你的内容，以及关注你的账号。

只有做好短视频的账号定位，运营者才能在粉丝心中形成某种特定的印象。因此，对于短视频的运营者来说，账号定位非常重要。下面总结了一些账号定位的相关技巧，如图 4.10 所示。

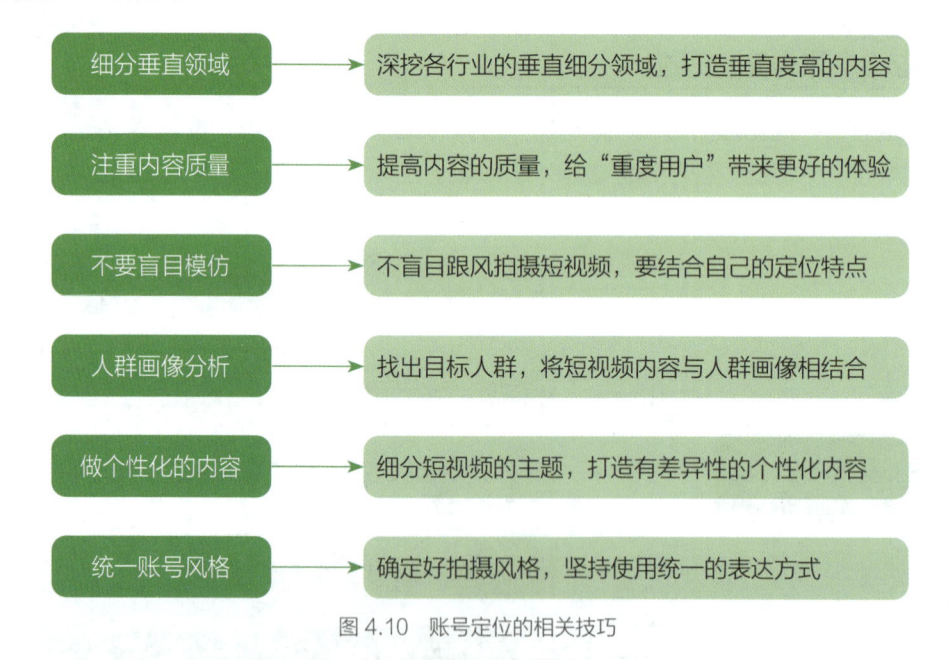

细分垂直领域	深挖各行业的垂直细分领域，打造垂直度高的内容
注重内容质量	提高内容的质量，给"重度用户"带来更好的体验
不要盲目模仿	不盲目跟风拍摄短视频，要结合自己的定位特点
人群画像分析	找出目标人群，将短视频内容与人群画像相结合
做个性化的内容	细分短视频的主题，打造有差异性的个性化内容
统一账号风格	确定好拍摄风格，坚持使用统一的表达方式

图 4.10　账号定位的相关技巧

➡ **专家提醒**

以抖音平台为例，根据某些专业人士的分析得出一个结论：即某个短视频作品连续获得系统的 8 次推荐后，该作品就会获得一个新的标签，从而得到更加长久的流量扶持。

4.2.4 了解基本流程

很多人做短视频其实都是一时兴起，看着大家都去做也跟着去做，根本没有考虑过自己做短视频的目的，到底是为了涨粉还是变现。以涨粉为例，蹭热点是非常快的涨粉方式，但是这样的账号其变现能力就会降低。

因此，运营者需要先想清楚自己做短视频的目的是什么，如引流涨粉、推广品牌、打造IP、带货变现等。当运营者明确了账号定位的目的后，即可开始进行账号定位，基本流程如下。

（1）分析行业数据：在进入某个行业之前，先找出这个行业中的头部账号，看看他们是如何将账号做好的，可以通过专业的行业数据分析工具，如蝉妈妈、新抖、飞瓜数据等，找出行业的最新玩法、热点内容、热门商品和创作方向。

（2）分析自身属性：对于平台上的头部账号来说，其点赞量和粉丝量都非常高，他们通常拥有良好的形象、才艺和技能，普通人很难模仿，因此运营者需要从自己已有的条件和能力出发，找出自己擅长的领域，保证内容的质量和更新频率。

（3）分析同类账号：深入分析同类账号的短视频题材、脚本、标题、运镜、景别、构图、评论、拍摄和剪辑方法等方面，学习他们的优点并找出不足之处或能够进行差异化创作的地方，以此来超越同类账号。

4.2.5 账号定位技巧

短视频的账号定位就是为账号运营确定一个方向，为内容创作指明方向。那么，运营者到底该如何进行账号定位呢？笔者认为，大家可以从以下3个方面出发进行账号定位，如根据自身的专长进行定位、根据观众的需求进行定位、根据内容稀缺度进行定位，如图4.11所示。

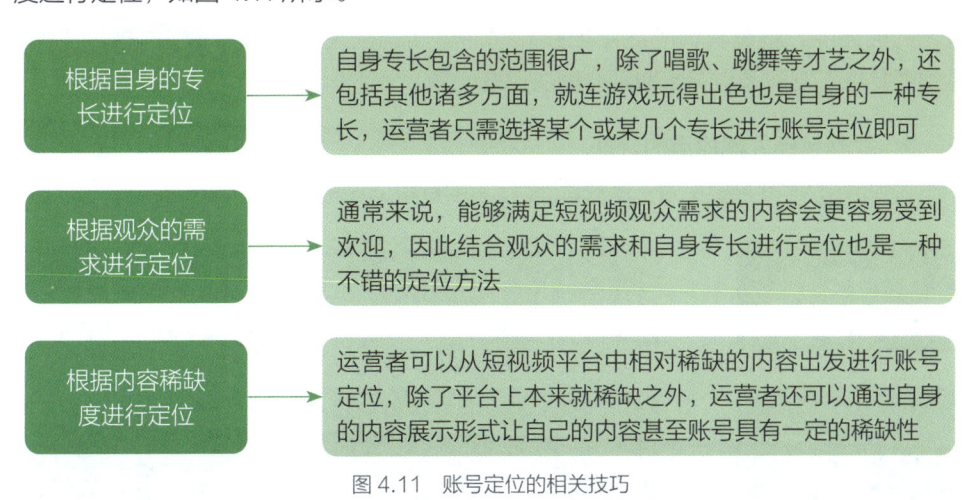

根据自身的专长进行定位	自身专长包含的范围很广，除了唱歌、跳舞等才艺之外，还包括其他诸多方面，就连游戏玩得出色也是自身的一种专长，运营者只需选择某个或某几个专长进行账号定位即可
根据观众的需求进行定位	通常来说，能够满足短视频观众需求的内容会更容易受到欢迎，因此结合观众的需求和自身专长进行定位也是一种不错的定位方法
根据内容稀缺度进行定位	运营者可以从短视频平台中相对稀缺的内容出发进行账号定位，除了平台上本来就稀缺之外，运营者还可以通过自身的内容展示形式让自己的内容甚至账号具有一定的稀缺性

图4.11 账号定位的相关技巧

4.3 内容：持续输出优质作品

做短视频运营本质上还是做内容运营，那些能够快速涨粉和变现的运营者都是靠优质的内容来实现的。

通过内容吸引的粉丝，都是对运营者分享的内容感兴趣的人，这些人更加精准、更加靠谱。因此，内容是运营短视频的核心所在，同时也是账号获得平台流量的核心因素。如果平台不推荐，那么账号和内容能够获得的流量就会很少。

对于做短视频运营来说，内容就是王道，而内容定位的关键就是用什么样的内容吸引什么样的群体。本节将介绍短视频的内容定位技巧，帮助运营者找到一个特定的内容形式，实现快速引流和变现。

4.3.1 用内容吸引精准人群

在短视频平台上，运营者不能简单地模仿和跟拍热门视频，而必须找到能够带来精准人群的内容，从而帮助自己获得更多的粉丝，这就是内容定位的要点。内容不仅可以直接决定账号的定位，而且还决定了账号的目标人群和变现能力。因此，做内容定位时，不仅要考虑引流涨粉的问题，同时还要考虑持续变现的问题。

运营者在进行内容定位的过程中，要清楚一个非常重要的要素——精准人群有哪些痛点、需求和问题？

1. 了解痛点

痛点是指短视频观众的核心需求，是运营者必须为他们解决的问题。对于观众的需求问题，运营者可以做一些调研，最好是采用场景化的描述方法。怎么理解场景化的描述呢？就是具体的应用场景。痛点其实就是人们日常生活中的各种不便，运营者要善于发现痛点并帮助观众解决这些问题。

2. 找到目标人群痛点的好处

找到目标人群的痛点，对于运营者而言，主要有两个方面的好处，具体如图4.12所示。

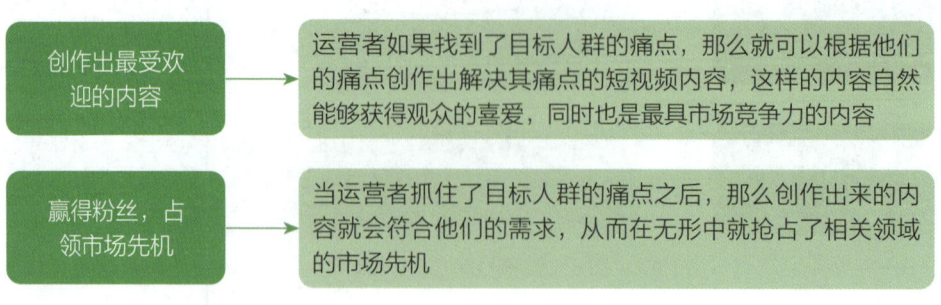

创作出最受欢迎的内容	→	运营者如果找到了目标人群的痛点，那么就可以根据他们的痛点创作出解决其痛点的短视频内容，这样的内容自然能够获得观众的喜爱，同时也是最具市场竞争力的内容
赢得粉丝，占领市场先机	→	当运营者抓住了目标人群的痛点之后，那么创作出来的内容就会符合他们的需求，从而在无形中抢占了相关领域的市场先机

图 4.12 找到目标人群痛点的好处

对于短视频运营者来说，如果想要打造爆款内容，那么就需要清楚自己的粉丝群体最想看的内容是什么，这也就是抓住目标人群的痛点，然后就可以根据他们的痛点来生产内容了。

4.3.2 找到关注点

对于短视频的观众来说，他们越缺什么，就会越关注什么，而运营者只需找到他们关注的那个点去创作内容就行了。只要运营者敢于在内容上下功夫，就不愁没有粉丝和流量。

在一个短视频内容中，往往能戳中观众内心的点就那么几秒钟，也许这就是所谓的"一见钟情"。运营者要记住一点，那就是在短视频平台上涨粉只是一种动力，能够让自己更有信心地在这个平台上做下去，而真正能够给自己带来动力的是吸引到精准粉丝，让他们持续关注自己的内容。

不管运营者处于什么行业，只要你能够站在观众的角度去思考，去进行内容定位，将自己的行业经验分享给大家，那么这种内容的价值就非常大了。

4.3.3 根据特点输出内容

在短视频平台上输出内容是一件非常简单的事情，但是要想输出有价值的内容，获得观众的认可，就有难度了。特别是如今各种短视频内容创作者多如牛毛，越来越多的人参与其中，到底如何才能找到适合的内容去输出并提升内容的价值呢？下面介绍具体的方法。

1. 选择合适的内容输出形式

当运营者在行业中积累了一定的经验，有了足够优质的内容之后，就可以输出这些内容了。如果你擅长写，可以写文案；如果你的声音不错，可以通过音频输出内容；如果你镜头感比较好，则可以拍一些真人出镜的短视频内容。通过选择合适的内容输出形式，即可在比较短的时间内成为这个领域中的佼佼者。

2. 持续输出有价值的内容

在互联网时代，内容的输出方式非常多，如图文、音频、短视频、直播以及中长视频等，这些都可以去尝试。对于持续输出有价值的内容，笔者有一些个人建议，具体如下。

- 做好内容定位，专注于做垂直细分领域的内容。
- 始终坚持每天创作高质量内容并保证持续产出。
- 发布比创作更重要，要及时将内容发送到平台上。

总之，运营者要根据自己的特点生产和输出内容，最重要的一点就是要持续不断地输出内容。因为只有持续输出内容，才有可能建立自己的行业地位，成为所在领域的信息专家。

4.3.4 内容定位标准

对于短视频的内容定位而言，内容最终是为观众而服务的，要想让观众关注你，或者点赞和转发你的内容，那么这个内容就必须满足他们的需求。要做到这一点，运营者的内容定位还需要符合一定的标准，如图4.13所示。

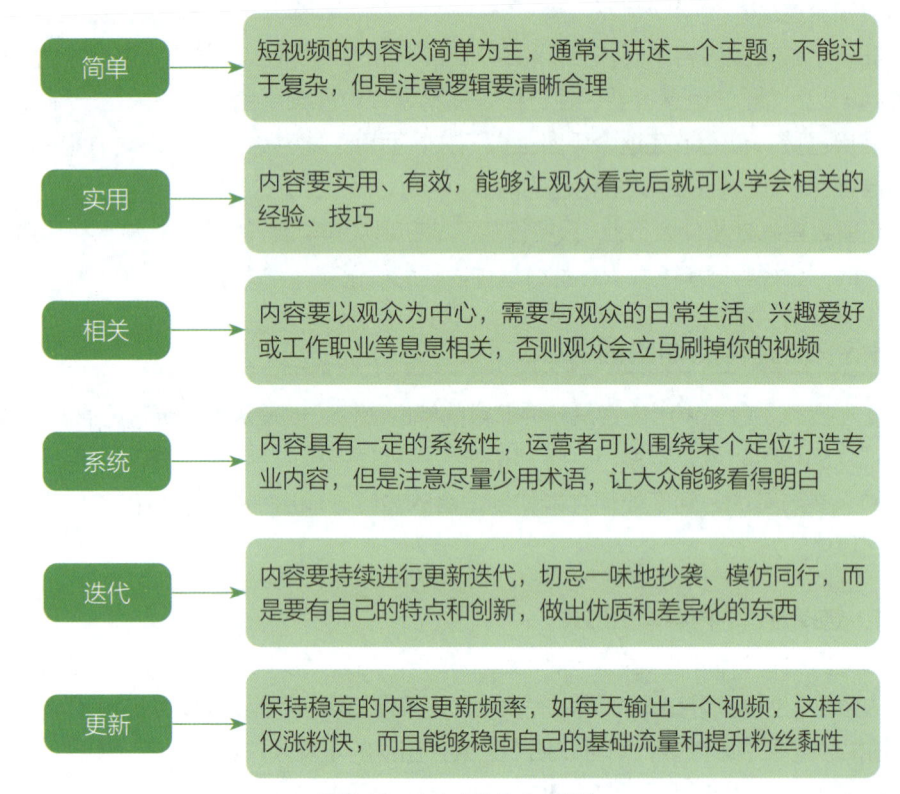

- **简单**：短视频的内容以简单为主，通常只讲述一个主题，不能过于复杂，但是注意逻辑要清晰合理
- **实用**：内容要实用、有效，能够让观众看完后就可以学会相关的经验、技巧
- **相关**：内容要以观众为中心，需要与观众的日常生活、兴趣爱好或工作职业等息息相关，否则观众会立马刷掉你的视频
- **系统**：内容具有一定的系统性，运营者可以围绕某个定位打造专业内容，但是注意尽量少用术语，让大众能够看得明白
- **迭代**：内容要持续进行更新迭代，切忌一味地抄袭、模仿同行，而是要有自己的特点和创新，做出优质和差异化的东西
- **更新**：保持稳定的内容更新频率，如每天输出一个视频，这样不仅涨粉快，而且能够稳固自己的基础流量和提升粉丝黏性

图4.13 内容定位的6个标准

4.3.5 内容定位规则

短视频平台上的大部分爆款内容都是经过运营者精心策划的，因此内容定位也是成就爆款内容的重要条件。运营者需要让内容始终围绕定位进行策划，保证内容的方向不会产生偏差。

在进行内容定位规划时，运营者需要注意以下几个规则。

（1）选题有创意。内容的选题尽量独特有创意，同时要建立自己的选题库和标准的工作流程，这样不仅能够提高创作效率，而且还可以刺激观众持续观看的欲望。

例如，运营者可以多收集一些热点加入选题库，然后结合这些热点创作内容。

（2）剧情有落差。短视频通常需要在短短 15s 内将大量的信息清晰地叙述出来，因此内容通常都比较紧凑。尽管如此，运营者还是要脑洞大开，在剧情上安排一些高低落差吸引观众的关注。

（3）内容有价值。不管是哪种内容，都要尽量给观众带来价值，让观众值得为你付出时间成本，从而看完你的内容。例如，做搞笑类的短视频，就需要能够给观众带来快乐；做美食类的短视频，就需要让观众产生食欲，或者让他们有实践的想法。

（4）情感有对比。内容可以源于生活，采用一些简单的拍摄手法展现生活中的真情实感，同时加入一些情感的对比，这种内容反而更容易打动观众，主动带动观众的情绪和气氛。

> 专家提醒

> 在设计短视频的台词时，内容要具备一定的共鸣性，能够触动观众的情感共鸣点，让他们愿意信任你。

（5）时间有把控。运营者需要合理地安排短视频的时间节奏，以抖音默认的拍摄 15s 短视频为例，这是因为这个时长的短视频是最受观众喜欢的，而短于 7s 的短视频不会得到系统推荐，长于 30s 的视频观众很难坚持看完。

4.4 运营：提高账号质量

设置好账号的基本信息并给账号进行精准定位后，就需要考虑账号的运营。只有熟悉并掌握运营技巧，才能让自己的账号做大做强，真正地火爆起来。下面为大家介绍短视频运营的 3 个技巧。

4.4.1 了解用户

在目标用户群体定位方面，抖音是由上至下地渗透。抖音和快手在刚开始推出时，市场上已经有很多同类短视频产品，为了避免与它们的竞争，抖音和快手选择在用户群体定位上进行了一定的差异化策划，选择了同类产品还没有覆盖的那些群体。

下面主要从年龄、性别、地域、职业和消费能力 5 个方面分析短视频平台的用户定位，帮助运营者了解两个平台的用户画像和人气特征，更好地作出针对性的运营策略和精准营销。

1. 年龄：以年轻用户为主

抖音和快手平台上 80% 的用户年龄在 28 岁以下，其中 20～28 岁的用户比例最高，也就是"90 后"和"00 后"为主力人群，整体呈现年轻化趋势。

2. 性别：男女比例相差悬殊

根据 QuestMobile 的报告显示，抖音的男女比例约为 3:7，也就是女性比男性多一半左右。首先，女性居多直接导致的结果就是消费力比较强，因为大部分的钱都是女性花的；而男性占比较少，相对的消费力也不强。另外，极光大数据报告中指出，抖音中女性用户的占比达到了 66.4%，显著高于男性。

3. 地域：分布在一、二线城市

短视频平台从一开始就将目标用户群体指向一、二线城市，不仅避免了激烈的市场竞争，还占据了很大一部分的市场份额。

以抖音平台为例，随着抖音的火热，其用户群体目前也在向小城市蔓延。根据极光大数据的分析报告显示，一、二线城市的人群占比超过 61.49%，而且这些地区的用户消费能力也比较强。图 4.14 所示为 2023 年抖音用户地域分布图。

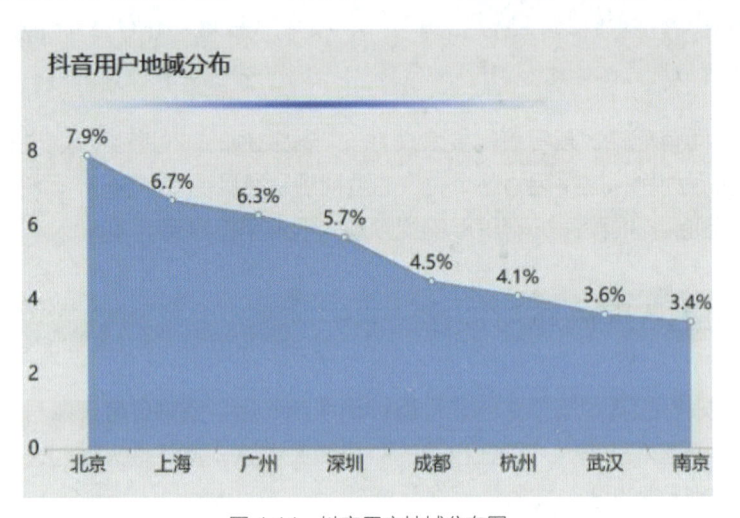

图 4.14 抖音用户地域分布图

4. 职业：大学生、白领和自由职业者

短视频用户的职业主要为白领和自由职业者，同时大学生与踏入社会 5 年左右的用户也比较常见。另外，这些人都有一个共同的特点，就是特别容易跟风，喜欢流行和时尚的东西。

5. 消费能力：愿意尝试新产品

以抖音平台为例，目前人群大部分都属于中等和中高等层次的消费者，这些人群突出的表现就是更加容易在抖音上买单，这就直接导致了他们的变现能力很强。另外，他们的购买行为还会受到营销行为的影响，看到喜欢的东西，在平台的多次推广下，更加容易产生冲动性消费。

4.4.2 遵守规则

对于短视频运营者来说，做原创才是最长久、最靠谱的一件事情。在互联网上想借助平台成功实现变现，一定要遵守平台规则。下面重点介绍抖音和快手的一些平台规则。

1. 不建议进行"低级搬运"

作者不能带有其他平台的特点和图案，短视频平台对这些"低级搬运"的作品会直接封号或者不给予推荐，因此不建议大家进行"低级搬运"。

2. 视频必须清晰无广告

作为自媒体运营者，首先要保证自己视频的质量，不含有低俗、色情等内容；其次要保证视频中不能带有广告，视频尽量清晰。

3. 了解视频推荐算法机制

首先，给你推荐一批人，比如先给 100 个人看你的视频，这 100 个人就是一个流量池。假如这 100 个人观看视频之后，反馈比较好，有 80 个人完全看完了，有 30 个人给你点赞，有 10 个人发布了评论，系统则会默认你的视频是一个非常受欢迎的视频，因此会再次把视频推荐到下一个流量池。

爆款的诞生就像打怪通关，如果在最小的流量池（100～500 个人）反馈不好，那抖音就不会再给你分配流量，即停止推荐。图 4.15 所示为抖音的流量漏斗图，流量池由下往上，体积越来越大，堆成一个漏斗。

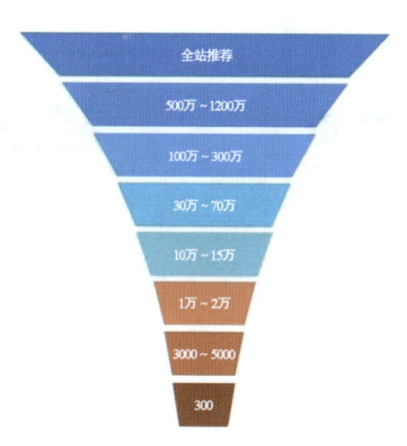

图 4.15 抖音的流量漏斗图

4. 提升账号权重

提升账号权重的方法如下。

（1）使用头条号登录。用 QQ 号登录今日头条 App，然后在相应平台的登录界面选择今日头条登录即可。例如，抖音就是今日头条旗下的产品，通过头条号登录，会潜在地提升账号权重。

（2）采取正常用户行为。多给热门作品点赞、评论和转发。

4.4.3 运营误区

随着 5G 时代的来临，短视频也越来越受欢迎，无论是短视频个人号，还是企业号，在运营时必须先遵守抖音相关规则，在符合规则的要求下尽最大可能宣传自己的产品或服务。

1. 随意删除视频

每个平台都会有相关的规则，很多人可能连平台规则都没认真了解，就开始运营自己的账号，胡乱删除视频，导致账号被限流，视频浏览量也变低。

因此，对于运营者而言，在正式发布内容之前，需要先做好账号定位，对自己的内容做好规划，或者说深入了解视频创作的要点。尤其对于企业而言，在抖音平台，企业号发布的内容代表着企业的形象，关系着企业未来的发展。

如果对短视频创作很迷茫，以抖音平台为例，运营者可以进入"抖音创作者中心"界面，点击"学习中心"按钮，就可以学习相关短视频创作教程，如图 4.16 所示。进入"抖音创作者学习中心"界面后，可以看到其中的热门课程包括如何开通视频赞赏、如何增强粉丝黏性、剧情演绎规则课堂等，如图 4.17 所示。

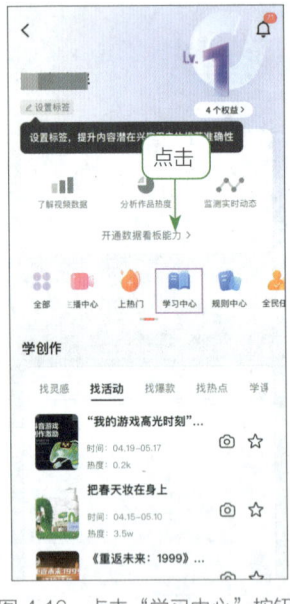

图 4.16 点击"学习中心"按钮　　图 4.17 "抖音创作者学习中心"界面

2. 不养号

在抖音平台上，不仅权重很重要，保持账号的活跃度、互动程度、行为习惯也很重要。因此，抖音运营者不仅要做好账号的基本维护，还可以通过一些手段主动养号，提升账号权重，从而获得更高的推荐量。建议大家从 7 个方面养号，如图 4.18 所示。

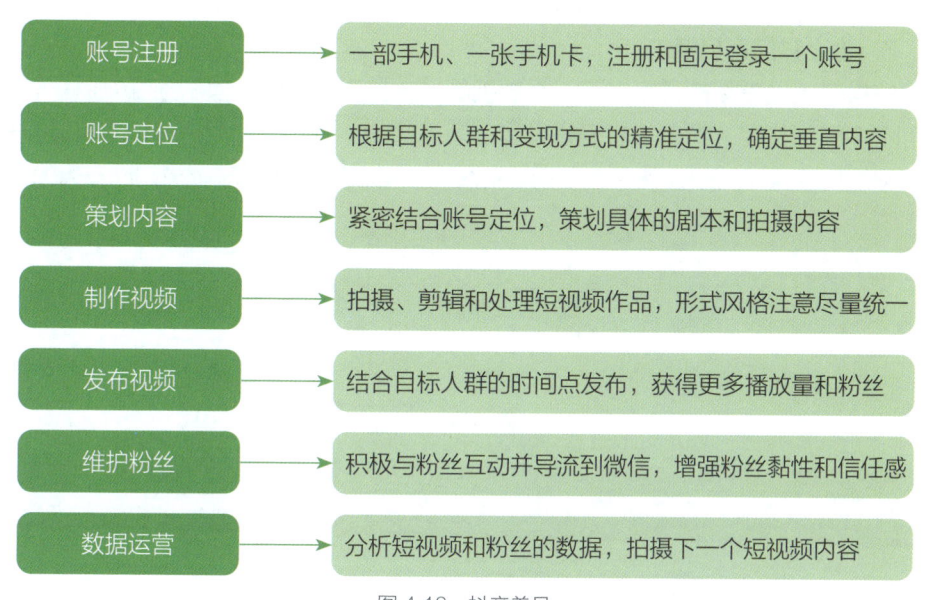

账号注册	一部手机、一张手机卡，注册和固定登录一个账号
账号定位	根据目标人群和变现方式的精准定位，确定垂直内容
策划内容	紧密结合账号定位，策划具体的剧本和拍摄内容
制作视频	拍摄、剪辑和处理短视频作品，形式风格注意尽量统一
发布视频	结合目标人群的时间点发布，获得更多播放量和粉丝
维护粉丝	积极与粉丝互动并导流到微信，增强粉丝黏性和信任感
数据运营	分析短视频和粉丝的数据，拍摄下一个短视频内容

图 4.18 抖音养号

很多人说抖音是去中心化的平台，在抖音谈论权重是没有意义的。但是如果他们有认真研究被推荐上热门账号的共性，就不会这样说了。笔者通过观察发现，抖音平台通常更青睐于那些产出高质量的、垂直领域内容的账号，同时给予这些账号更多的流量扶持。

抖音运营者养号的核心目的就是提升账号权重，避免账号因被系统判断为营销账号而限流。抖音运营者只要时常注意这个问题，就可以轻松达到曝光、引流、变现、带货、卖货以及卖号等目的。笔者总结了一些提升账号权重的养号技巧，具体内容如下。

- 抖音运营者在拍摄和制作短视频时，建议全程使用数据流量，而非 Wi-Fi（移动热点）。
- 尽量保证选择清晰的账号头像，完善自己的账号信息。
- 尽量绑定微信、QQ、头条、微博等第三方账号，这里强烈建议绑定头条号。
- 进行实名认证，有条件的抖音运营者还可以进行个人认证和企业认证，以此增加抖音账号权重。
- 运营者在发布短视频时应尽量添加地址，抖音会根据地址向附近人群推送该

091

短视频。
- 抖音运营者每天至少登录一次抖音账号,并时不时刷新信息流,多给优秀作品点赞。
- 多看看抖音热搜榜单,关注并参与抖音官方的话题挑战。
- 适当关注 3 ~ 5 个自己喜欢的抖音账号。

3. 为上热门盲目模仿

在抖音上最常见的是,当某一个短视频"火"了,或某一首歌当红之时,总能看到很多模仿作品。对于只想通过抖音刷短视频和打发时间的用户,确实可以发布这种模仿作品;对于想要打造优秀个人号的运营者而言,不能为了上热门而盲目模仿。

第5章

吸粉技巧：引爆流量成为短视频大咖

■ 学前提示

　　做短视频的人来说，流量是运营者的核心竞争力，引流成了短视频运营中的关键环节，运营者需要通过社交转化获取更多流量，才能让自己的短视频内容被更多人看到和关注。本章将从平台的流量算法、引流的基本方法这两个方面介绍短视频运营技巧。

■ 要点展示

　　算法：增加内容推荐量
　　引流：提升流量增长率
　　引流：7个基本技巧
　　引流：利用直播互动

5.1 算法：增加内容推荐量

要想成为短视频平台上的"头部大V"，运营者首先要想办法给自己的账号或内容注入流量，让作品火爆起来，这是成为达人的一条捷径。如果运营者没有那种一夜爆火的好运气，就需要一步一步且脚踏实地地做好自己的视频内容。

当然，其中也有很多运营技巧，能够帮助运营者提升短视频的流量和账号的关注量，而平台的算法机制就是不容忽视的重要环节。目前，大部分的短视频平台都采用去中心化的流量分配逻辑。本节将以抖音平台为例，介绍短视频的推荐算法机制。

5.1.1 了解算法机制

简单来说，算法机制就像是一套评判规则，这个规则作用于平台上的所有用户（包括运营者和观众），用户在平台上的所有行为都会被系统记录，同时系统会根据这些行为判断用户的性质，将用户分为优质用户、流失用户和潜在用户等类型。

例如，某个运营者在平台上发布了一个短视频，此时算法机制就会考量这个短视频的各项数据指标，以此判断短视频内容的优劣。如果算法机制判断该短视频为优质内容，则会继续在平台上对其进行推荐，否则就不会再提供流量扶持。

如果运营者想知道抖音平台上当下的流行趋势以及平台喜欢推荐的视频类型，那么运营者可以注册一个新的抖音账号，然后记录前30条刷到的视频内容并将每个视频全部看完，这样算法机制是无法判断运营者的喜好的，便会给运营者推荐当前平台上最受欢迎的短视频内容。

因此，运营者可以根据平台的算法机制调整自己的内容细节，让自己的内容能够最大化地迎合平台的算法机制，从而获得更多流量。

5.1.2 熟悉抖音算法

抖音通过智能化的算法机制分析运营者发布的内容和观众的行为，如点赞、停留、评论、转发、关注等，从而了解每个人的兴趣并给内容和账号打上对应的标签，从而实现彼此的精准匹配。

在这种算法机制下，好的内容能够获得观众的关注，也就是获得精准的流量；而观众则可以看到自己想要看的内容，从而持续在这个平台上停留；同时，平台则获得了更多的高频用户，可以说是"一举三得"。

运营者发布到抖音平台上的短视频内容需要经过层层审核才能被大众看到，其背后的主要算法逻辑分为3个部分，如图5.1所示。

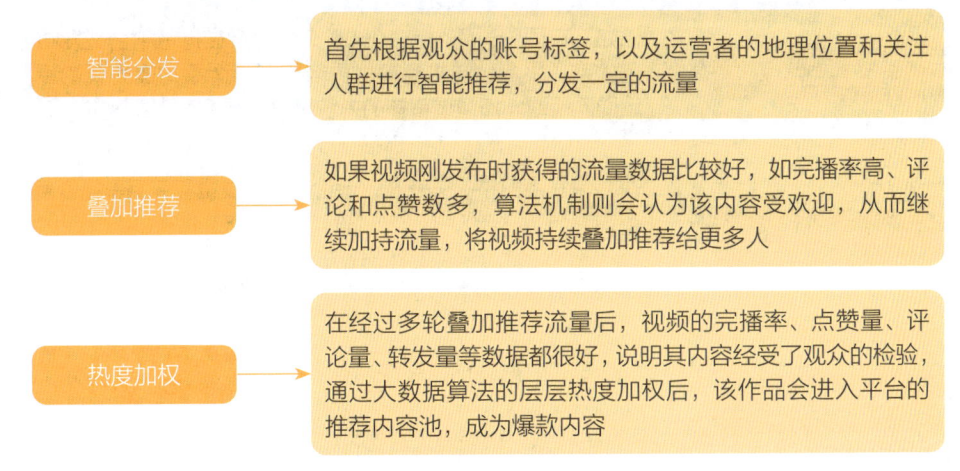

| 智能分发 | 首先根据观众的账号标签，以及运营者的地理位置和关注人群进行智能推荐，分发一定的流量 |

| 叠加推荐 | 如果视频刚发布时获得的流量数据比较好，如完播率高、评论和点赞数多，算法机制则会认为该内容受欢迎，从而继续加持流量，将视频持续叠加推荐给更多人 |

| 热度加权 | 在经过多轮叠加推荐流量后，视频的完播率、点赞量、评论量、转发量等数据都很好，说明其内容经受了观众的检验，通过大数据算法的层层热度加权后，该作品会进入平台的推荐内容池，成为爆款内容 |

图 5.1 抖音的算法逻辑

5.1.3 流量赛马机制

抖音短视频的算法机制其实是一种流量赛马机制，也可以看成是一个漏斗模型，如图5.2所示。

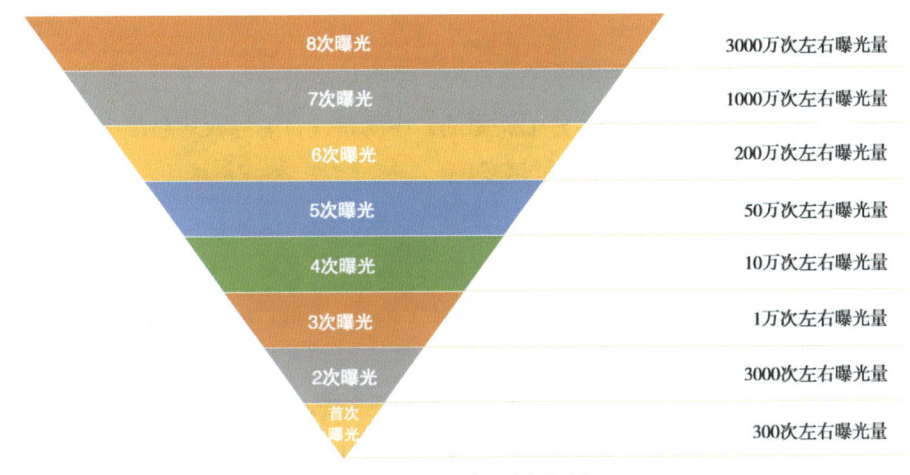

曝光次数	曝光量
8次曝光	3000万次左右曝光量
7次曝光	1000万次左右曝光量
6次曝光	200万次左右曝光量
5次曝光	50万次左右曝光量
4次曝光	10万次左右曝光量
3次曝光	1万次左右曝光量
2次曝光	3000次左右曝光量
首次曝光	300次左右曝光量

图 5.2 赛马（漏斗）机制

运营者发布内容后，抖音会将同一时间发布的所有视频放到一个池子里，给予一定的基础推荐流量，然后根据这些流量的反馈情况进行数据筛选，选出分数较高的内容，将其放到下一个流量池中，给予更高的曝光量；而对于数据差的内容，系统暂时就不会再推荐了。

也就是说，在抖音平台上，内容的竞争相当于赛马一样，通过算法将差的内容淘汰掉。图 5.3 所示为流量赛马机制的基本流程。

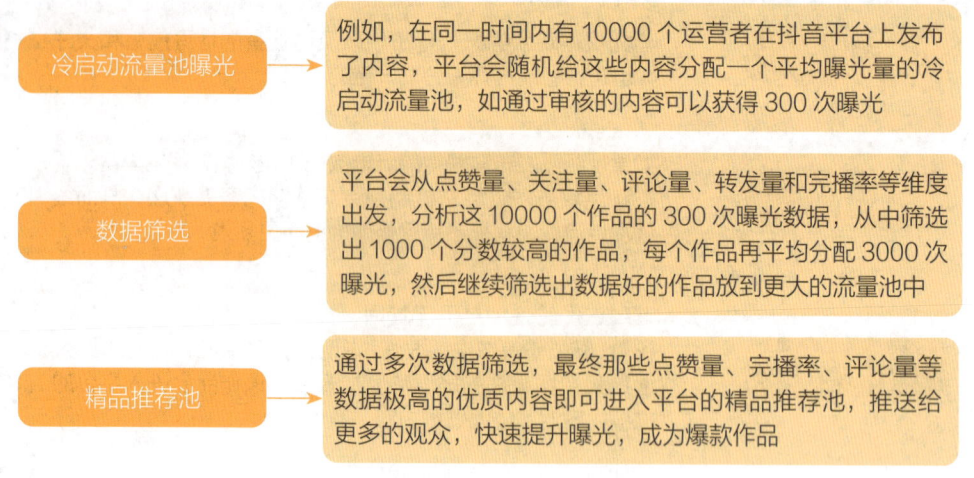

冷启动流量池曝光	例如，在同一时间内有 10000 个运营者在抖音平台上发布了内容，平台会随机给这些内容分配一个平均曝光量的冷启动流量池，如通过审核的内容可以获得 300 次曝光
数据筛选	平台会从点赞量、关注量、评论量、转发量和完播率等维度出发，分析这 10000 个作品的 300 次曝光数据，从中筛选出 1000 个分数较高的作品，每个作品再平均分配 3000 次曝光，然后继续筛选出数据好的作品放到更大的流量池中
精品推荐池	通过多次数据筛选，最终那些点赞量、完播率、评论量等数据极高的优质内容即可进入平台的精品推荐池，推送给更多的观众，快速提升曝光，成为爆款作品

图 5.3　流量赛马机制的基本流程

5.1.4　利用好流量池

在抖音平台上，不管运营者有多少粉丝，内容是否优质，其发布的内容都会进入一个流量池。当然，运营者的内容是否能够进入下一个流量池，关键在于内容在上一个流量池中的表现。

总体来说，抖音的流量池可以分为低级、中级和高级 3 类，平台会依据运营者的账号权重和内容的受欢迎程度分配流量池。也就是说，账号权重越高，发布的内容越受观众欢迎，得到的曝光量也就越多。

因此，运营者一定要把握住冷启动流量池，要想方设法让自己的内容在这个流量池中获得较好的表现。通常情况下，平台评判内容在流量池中的表现主要依据点赞量、关注量、评论量、转发量和完播率这几个指标，如图 5.4 所示。

运营者发布短视频后，可以通过自己的私域流量或者付费流量增加短视频的点赞量、关注量、评论量、转发量和完播率等指标的数据。

也就是说，运营者的账号是否能够做起来，这几个指标是关键因素。如果某个运营者连续 7 天发布的短视频都没有人关注和点赞，甚至很多人看到封面后就直接刷掉了，那么算法系统就会判定该账号为低级号，给予的流量会非常少。

如果某个运营者连续 7 天发布的视频的播放量都维持在 200～300 次，则算法系统会判定该账号为最低权重号，同时将其发布的内容分配到低级流量池中。若该账号发布的内容持续 30 天播放量仍然没有突破，则同样会被判定为低级号。

如果某个运营者连续 7 天发布的视频的播放量都超过 1000 次，则算法系统会判定该账号为中级号或高级号，这样的账号发布的内容只要随便蹭个热点就能轻松上热门了。

　　运营者了解了抖音的算法机制后，即可轻松引导平台给账号匹配优质的用户标签，让账号权重更高，从而让内容分配到更多流量。

图 5.4　抖音平台上的短视频指标数据

> ▶ 专家提醒
>
> 　　另外，停留时长也是评判内容是否有上热门潜质的关键指标，观众在某个短视频播放界面的停留时间很长，说明这个短视频能够深深吸引到他。

5.1.5　获得叠加推荐

　　当抖音平台给内容提供第一波流量后，算法机制会根据这波流量的反馈数据判断内容的优劣，如果判定为优质内容，则会给内容叠加分发多波流量，反之就不会再继续分发流量。

　　因此，抖音的算法系统采用的是一种叠加推荐机制。一般情况下，运营者发布作品后的前一个小时内，如果短视频的播放量超过 5000 次、点赞量超过 100 个、评论量超过 10 个，则算法系统会马上进行下一波推荐。图 5.5 所示为叠加推荐机制的基本流程。

第 1 次推荐	初始流量：200～500 分配依据：账号权重 判定标准：流量数据反馈较好，如点赞率达到10%，完播率达到60%，评论量超过10个，则进行第2次推荐
第 2 次推荐	推荐流量：1000～5000 叠加推荐：如果流量数据反馈较好，则平台会给予第3次推荐，能够获得上万甚至几十万的流量并以此类推
第 N 次推荐	如果经过多次叠加推荐后，该内容的流量反馈仍然很好，则平台会结合AI（artificial intelligence，人工智能）算法和人工审核机制判断内容是否达到上热门的标准

图 5.5 叠加推荐机制的基本流程

对于算法机制的流量反馈情况来说，各个指标的权重也是不一样的，具体为：播放量（完播率）＞点赞量＞评论量＞转发量。运营者的个人能力是有限的，因此当内容进入更大的流量池后，就很难对这些流量反馈指标进行人工干预了。

➡ **专家提醒**

> 许多人可能会遇到这种情况，就是自己拍摄的原创内容没有火，而别人翻拍的作品却火了，其中很大一个原因就是受到账号权重大小的影响。
>
> 关于账号权重，简单来讲，就是账号的优质程度，说直白点也就是运营者的账号在平台心目中的位置。权重会影响内容的曝光量，低权重的账号发布的内容很难被观众看见，高权重的账号发布的内容则会更容易被平台推荐。

运营者需要注意的是，千万不要为走捷径而去刷流量反馈数据，平台对于这种违规操作是明令禁止的，并且会根据情况的严重程度相应地给予审核不通过、删除违规内容、内容不推荐、后台警示、限制上传视频、永久封禁、报警等处理结果。

5.2 引流：提升流量增长率

短视频自媒体已经成了一个发展趋势，影响力越来越大，用户也越来越多。对于短视频这个聚集大量流量的地方，运营者们怎么可能会放弃这个好的流量池。本节主要以抖音短视频平台为例，介绍短视频引流的常用技巧。

5.2.1 提升流量精准性

对于短视频行业来说，流量的重要性是不言而喻的，很多运营者都在利用各种各样的方法为账号或作品引流,目的就是希望能够提升粉丝量,打造爆款内容。流量的提升说难不难,说容易也不容易,关键是看你怎么做,舍得花钱的可以采用付费渠道引流,规模小的运营者则可以充分利用免费流量提升曝光量。

无论采用哪种方法引流,都有一个前提,那就是流量一定要精准,这样才能有助于后期的变现。例如,很多运营者在抖音上拍摄段子,然后在剧情中植入商品。拍段子相对来说比较容易吸引大家的关注,也容易产生爆款内容,能够有效触达更多的人群,但是获得的往往是"泛流量",大家关注的更多是内容,而不是产品。很多运营者的内容做得非常好,但是转化效果却很差,通常就是流量不精准造成的。

当然,并不是说这种流量一无是处,有流量自然好过于没有流量,但是运营者更应该注重流量的精准度。如果一定要拍段子,那么就要注意场景的代入,在段子中突出产品的需求场景及使用场景,这样的内容会更符合抖音的算法机制,从而获得更多的曝光量。

5.2.2 "种草"视频引流

"种草"是一个网络流行语,表示分享和推荐某一商品的优秀品质,从而激发他人购买欲望的行为。如今,随着短视频的火爆,带货能力更好的"种草"视频也开始在各大新媒体和电商平台中流行起来,能够为产品带来大量的流量。

相对于图文内容来说,短视频可以使产品"种草"的效率大幅提升。因此,"种草"视频有着得天独厚的引流和带货优势,可以让消费者的购物欲望变得更加强烈。图5.6所示为"种草"视频的主要优势。

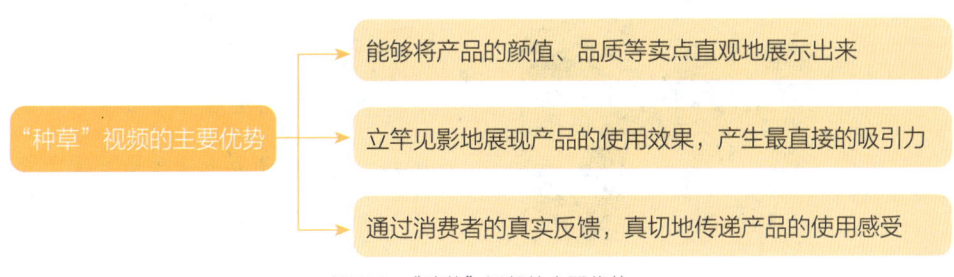

```
                        ┌─ 能够将产品的颜值、品质等卖点直观地展示出来
"种草"视频的主要优势 ─────┼─ 立竿见影地展现产品的使用效果,产生最直接的吸引力
                        └─ 通过消费者的真实反馈,真切地传递产品的使用感受
```

图 5.6 "种草"视频的主要优势

"种草"视频不仅可以告诉潜在消费者你的产品是如何如何好,还可以快速建立信任关系。任何事物的火爆都需要借助外力,而爆品的锻造升级也是如此。在这个产品繁多、信息爆炸的时代,如何引爆产品是每一个运营者都值得思考的问题。从"种草"视频的角度来看,打造爆款需要做到如图5.7所示的几点。

打造爆款"种草"视频的关键点：
- 视频前 3s 展现精华，快速把观众带入营销场景
- 提供产品之外的有价值或能产生情感共鸣的信息
- 真实地还原产品的使用体验和效果，可信度要高
- 建立独有的标签打造人设，形成个性化的辨识度

图 5.7　打造爆款"种草"视频的关键点

5.2.3　付费工具引流

如今，各大短视频平台针对有引流需求的用户都提供了付费工具，如抖音的"DOU+ 帮上热门"、快手的"帮上热门"等。例如，"DOU+ 帮上热门"是一款视频"加热"工具，可以实现将视频推荐给更多兴趣用户，提升视频的播放量与互动量，以及提升视频中带货产品的点击率。

运营者可以在抖音上打开要引流的短视频，点击➡按钮，在弹出的"分享给朋友"面板中点击"帮上热门"按钮，如图 5.8 所示。

执行操作后，进入"速推版"界面，运营者可以通过拖动滑块选择需要投放的金额。如果需要更多投放功能，可以点击界面下方的"更多能力请前往定向版"按钮，如图 5.9 所示。

图 5.8　点击"帮上热门"按钮　　　图 5.9　"速推版"界面

在"定向版"界面中点击"点赞评论量"按钮，弹出"期望提升"面板，会显示"点赞评论量""粉丝量"和"主页浏览量"等选项，如图 5.10 所示，运营者可以选择具体的期望提升目标。

在"定向版"界面中点击"投放时长"按钮，弹出"投放时长"面板，如图 5.11 所示，会显示 4 种投放时长选项，运营者可以根据需要进行选择。系统会根据运营者的选择显示预计转化数并统计投放金额，确认支付即可。

投放 DOU+ 的视频必须是原创视频，内容完整度高，视频时长超过 7s，并且没有其他 App 水印和非抖音站内的贴纸或特效。

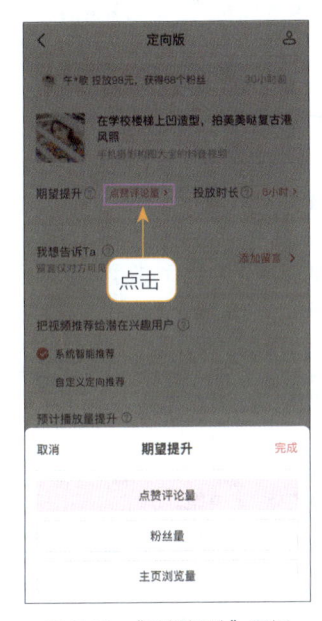

图 5.10 "期望提升"面板　　图 5.11 "投放时长"面板

5.2.4　评论功能引流

运营者可以通过关注同行业或同领域的相关账号，评论他们的热门作品并在评论中打广告，给自己的账号或者产品引流。

评论热门作品引流主要有以下两种方法。

- 直接评论热门作品：特点是流量大，但是竞争大。
- 评论同行的作品：特点是流量小，但是粉丝精准。

5.2.5　热门话题引流

不论是做短视频还是其他内容形式，只要内容与热点挂钩，通常都能得到极大的曝光量。那么，如何通过抖音蹭热门话题，让短视频播放量快速破百万呢？

大家千万不要小看了抖音的"热点"功能，尤其对于想涨粉和带货的运营者来说，一定要多留意这些热门话题挑战赛。热点的传播速度非常快，运营者只要在热点出现的第一时间马上发布一个蹭热门话题的短视频，即可大幅增加播放量和粉丝量的提升概率。

总之，利用抖音热门话题引流需要敏锐的观察力、灵活的应变能力和创新思维，同时还需要掌握一些技巧，具体如图 5.12 所示。

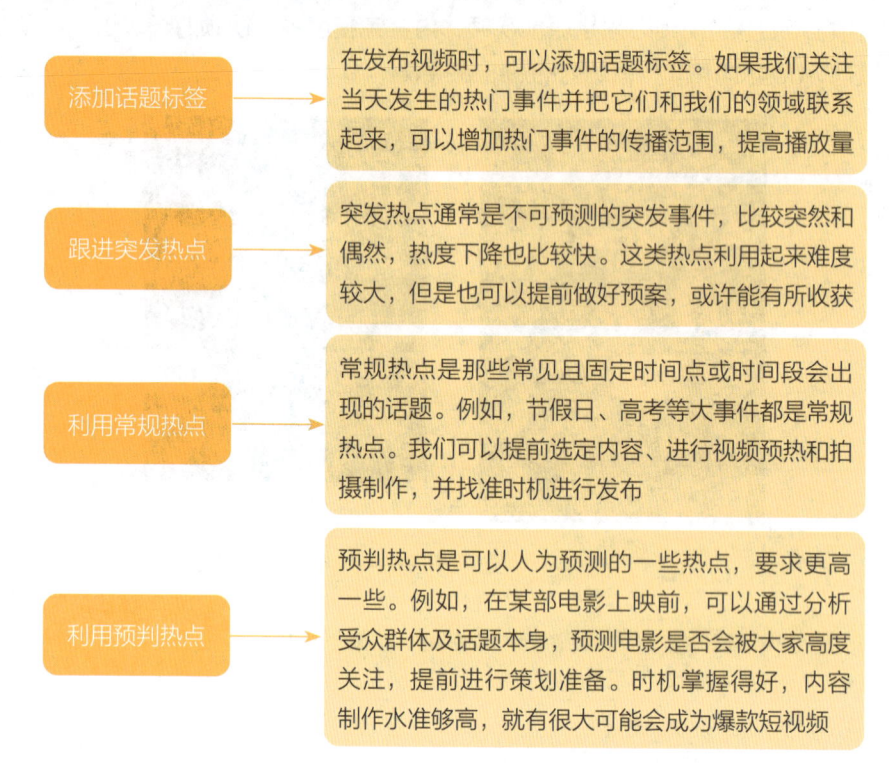

添加话题标签 → 在发布视频时，可以添加话题标签。如果我们关注当天发生的热门事件并把它们和我们的领域联系起来，可以增加热门事件的传播范围，提高播放量

跟进突发热点 → 突发热点通常是不可预测的突发事件，比较突然和偶然，热度下降也比较快。这类热点利用起来难度较大，但是也可以提前做好预案，或许能有所收获

利用常规热点 → 常规热点是那些常见且固定时间点或时间段会出现的话题。例如，节假日、高考等大事件都是常规热点。我们可以提前选定内容、进行视频预热和拍摄制作，并找准时机进行发布

利用预判热点 → 预判热点是可以人为预测的一些热点，要求更高一些。例如，在某部电影上映前，可以通过分析受众群体及话题本身，预测电影是否会被大家高度关注，提前进行策划准备。时机掌握得好，内容制作水准够高，就有很大可能会成为爆款短视频

图 5.12 利用抖音热门话题引流的技巧

运营者发布短视频后，平台会根据这个热点的热度以及内容与热门话题的相关性，为短视频分配相应的流量。

5.2.6 添加相关话题

话题就相当于是视频的一个标签。部分抖音用户在查看一个视频时，会将关注的重点放在视频添加的话题上，还有部分抖音用户在查看视频时，会直接搜索关键词或话题。因此，如果运营者能够在视频的文字内容中添加一些与视频相关的话题，便能起到不错的引流作用。在笔者看来，运营者在视频中添加话题时可以重点把握如下两个技巧。

- 尽可能多地加入一些与视频中的商品相关的话题，如果可以的话，可以在话题中指出商品的特定使用人群，增强营销的针对性。

- 尽可能以推荐的口吻编写话题，如果是在推销产品，要尽量避免打广告，而是以推荐的口吻向观众展示实用的好物。

在图 5.13 所示的短视频案例中，便添加了与视频内容相关的多个话题，这些话题都围绕着视频的主题，有助于吸引更多观众并增加视频的曝光率。通过选择热门话题标签，视频内容可以更容易地被发现和分享，从而增加观看次数和点赞数。同时，添加相关话题还可以加强观众与视频内容之间的联系，提高观众的参与度和忠诚度。

图 5.13　添加相关话题的短视频

5.2.7　利用"趋利"心理

人都是"趋利"的，当看到对自己有益处的东西时，人们往往都会表现出极大的兴趣。运营者可以利用这一点，通过抛出一定的优惠条件达到吸引目标受众的目的。图 5.14 所示为通过优惠的价格向目标受众抛出优惠条件的方式进行引流。

图 5.14　抛出优惠条件吸引目标受众

5.3 引流：7个基本技巧

短视频平台聚合了大量的短视频信息，同时也聚合了很多流量。对于运营者来说，如何通过平台引流让其为己所用才是关键。本节将介绍一些非常简单的引流方法，教大家在短时间内获取大量粉丝。

5.3.1 直接展示引流

直接展示引流是指在短视频中直接进行产品或品牌宣传。用户可以搭建一个摄影棚，将平时朋友圈发的反馈图全部整理出来，然后制作成照片或电影进行发布，如减肥的前后效果对比图、美白的前后效果对比图等。

图 5.15 所示的短视频案例，就是通过直接展示笔记本电脑产品的各种功能和特点，让观众能够更直观地了解产品的优势和卖点。这种展示方式能够吸引目标受众的注意力，激发他们的购买欲望，从而促进产品的销售。

图 5.15 百事可乐的短视频广告引流

5.3.2 发布原创视频

对于有短视频制作能力的运营者来说，原创内容引流是最好的选择。运营者可以把制作好的原创短视频发布到抖音平台，同时在账号资料部分进行引流，如在昵称、个人简介等地方留下微信等联系方式。

短视频平台上的年轻观众偏爱热门和创意有趣的内容，同时在抖音官方介绍中，抖音鼓励的视频是：场景化、画面清晰，记录自己的日常生活，内容健康向上，多人类、剧情类、才艺类、心得分享、搞笑等多样化内容，不拘于一个风格。运营者在制作原创短视频内容时，可以记住这些原则，让作品获得更多推荐。

除了内容的原创性之外，发布的短视频还应该满足一个要求，那就是与账号的定位一致。这一点抖音号"手机摄影构图大全"就做得很好。在该抖音号中发布的都是原创的摄影作品。图5.16所示为抖音号"手机摄影构图大全"的部分短视频内容。

图5.16 抖音号"手机摄影构图大全"的部分短视频内容

5.3.3 定期推送内容

平台用户为什么要关注自己的账号呢？笔者认为，除了账号中相关人员的个人魅力之外，另外一个很重要的原因就是用户可以从账号中获得他们感兴趣的内容。部分粉丝关注账号之后，可能会时不时地查看账号内的内容，如果账号内很久都不更新内容，部分粉丝可能会因为看不到新的内容以及账号内的内容对他的价值越来越低而选择取消关注。

因此，对于运营者来说，定期发送用户感兴趣的内容非常关键。这不仅可以增强粉丝的黏性，而且可以吸引更多用户成为自己的粉丝。

5.3.4 抖音热搜引流

对于短视频的创作者来说，蹭热词已经成了一项重要的技能。运营者可以利用抖音热搜寻找当下的热词并让自己的短视频高度匹配这些热词，以得到更多的曝光。

下面总结了 4 个利用抖音热搜引流的方法，如图 5.17 所示。

```
                          ┌─ 视频标题文案紧扣热词，提升搜索匹配的优先级别
                          │
                          ├─ 视频话题与热词吻合，使用带有包含热词的话题
利用抖音热搜引流 ─────────┤
    的方法                ├─ 视频选用的 BGM（background music，背景音乐）
                          │   与热词的关联度较高
                          │
                          └─ 运营者的账号命名踩中热词，曝光概率会大幅增加
```

图 5.17　利用抖音热搜引流的方法

5.3.5　账号矩阵引流

账号矩阵是指通过同时做不同的账号运营，来打造一个稳定的粉丝流量池。道理很简单，做一个抖音号也是做，做 10 个抖音号也是做，同时做可以为运营者带来更多的收获。

打造账号矩阵通常需要团队的支持，至少要配置 2 名主播、1 个拍摄人员、1 个后期剪辑人员以及 1 个推广营销人员，从而保证多账号矩阵的顺利运营。

账号矩阵的好处很多，首先可以全方位地展现品牌特点，扩大影响力；其次可以形成链式传播进行内部引流，大幅度提升粉丝数量。例如，被抖音带火的城市西安，就是在账号矩阵的帮助下成功的。

西安已经有 70 多个政府机构开通了官方抖音号，这些账号通过互推合作引流，同时搭配 KOL（key opinion leader，意见领袖）引流策略，让西安成了"网红"打卡城市。西安通过打造账号矩阵可以大幅度提升城市形象，同时给旅游行业引流。当然，不同抖音号的角色定位也有很大的差别。

账号矩阵可以最大限度地降低单账号运营风险，这和投资理财强调的"不把鸡蛋放在同一个篮子里"的道理是一样的。多账号一起运营，无论是做活动还是引流吸粉都可以达到很好的效果。但是，在打造账号矩阵时，还有很多注意事项。

- 注意账号的行为，遵守抖音规则。
- 一个账号一个定位，每个账号都有相应的目标人群。
- 内容不要跨界，小而美的内容是主流形式。

这里再次强调账号矩阵的账号定位，这一点非常重要，每个账号的定位不能过高或者过低，更不能错位，既要保证主账号的发展，又要让子账号能够得到很好的成长。

例如，小米公司的抖音主账号为"小米官方旗舰店"，粉丝数量达到了 952 万，其定位主要是品牌宣传，子账号包括"小米手机""小米公司""小米有品"等，分管不同领域的短视频内容推广引流，如图 5.18 所示。

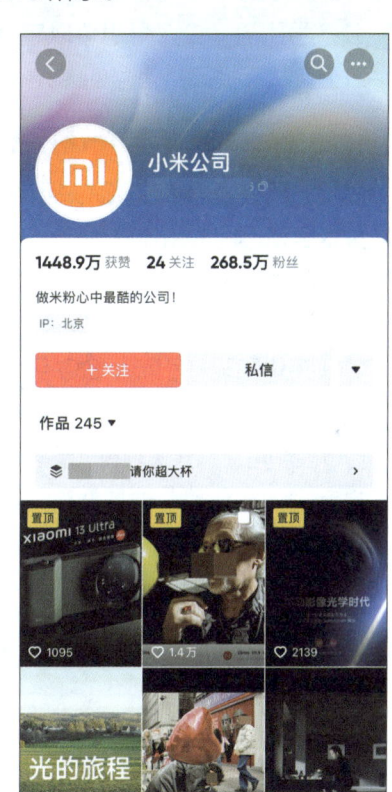

图 5.18　小米公司的账号矩阵

5.3.6　社交平台引流

线上引流最重要的就是各种社交平台了，除了微博外，微信、QQ 和各种音乐平台都拥有大量的用户群体，是短视频引流不能错过的平台。

1．微信引流

根据腾讯 2023 年季度报告数据，微信的合并月活跃账户数达到 13.19 亿，已实现对国内移动互联网用户的大面积覆盖，成为国内最大的移动流量平台之一。下面介绍使用微信为抖音引流的具体方法。

（1）朋友圈引流。用户可以在朋友圈中发布抖音上的短视频作品，同时视频中会显示相应的抖音账号，吸引朋友圈好友关注。注意，在朋友圈中发布的视频的时长有限，所以发布时还需要对其进行剪辑，尽可能地选择内容中的关键部分。

（2）微信群引流。通过微信群发布自己的抖音作品，其他群成员点击视频后可以直接查看内容，提高内容的曝光率。注意发布的时间应尽量与抖音上同步，也就是说发完抖音的短视频后马上分享到微信群，但是不能太频繁。

（3）公众号引流。公众号也可以定期发布抖音短视频，将公众号中的粉丝引流到抖音平台上，从而提高抖音号的曝光率。

2. QQ 引流

作为最早的网络通信平台，QQ 拥有强大的资源优势和底蕴，以及庞大的用户群，是抖音运营者必须巩固的引流阵地。

（1）QQ 签名引流。用户可以自由编辑或修改"签名"的内容，在其中引导 QQ 好友关注抖音号。

（2）QQ 头像和昵称引流。QQ 头像和昵称是 QQ 号的首要流量入口，用户可以将其设置为抖音的头像和昵称，提高抖音号的曝光率。

（3）QQ 空间引流。QQ 空间是抖音运营者进行引流的一个好地方，用户可以在此发布抖音短视频作品。注意要将 QQ 空间的权限设置为所有人都可以访问，如果不想收到不好的评论，可以开启评论审核功能。

（4）QQ 群引流。用户可以多创建和加入一些与抖音号定位相关的 QQ 群，多与群友进行交流互动，让他们对你产生信任感，此时再发布抖音作品引流就会水到渠成。

3. 音乐平台引流

抖音短视频与音乐是分不开的，因此用户还可以借助各种音乐平台给自己的抖音号引流，常用的有网易云音乐、QQ 音乐和酷狗音乐。

以网易云音乐为例，这是一款专注于发现与分享的音乐产品，依托专业音乐人、DJ（disc jockey，打碟工作者）、好友推荐及社交功能，为用户打造全新的音乐生活。网易云音乐的目标受众是一群有一定音乐素养、较高教育水平、较高收入水平的年轻人，这和抖音的目标受众高度重合，因此成了抖音引流的最佳音乐平台。用户可以利用网易云音乐的音乐社区和评论功能，对自己的抖音号进行宣传和推广。除此之外，用户还可以利用音乐平台的主页动态进行引流。

5.3.7 线下引流指南

线下引流是多方向的，既可以从抖音或者跨平台引流到抖音号本身，又可以将抖音流量引导至其他的线上平台。尤其是本地化的抖音号，还可以通过抖音给自己的线下实体店铺引流。

例如，土耳其冰淇淋、CoCo 奶茶、宜家冰淇淋等线下店通过抖音吸引了大量粉丝前往消费。

用抖音给线下店铺引流最好的方式就是开通企业号，利用"认领POI（point of interest，兴趣点）地址"功能，在POI地址页展示店铺的基本信息，实现线上到线下的流量转化。当然，要想成功引流，用户还必须持续输出优质的内容、保证稳定的更新频率以及与用户多互动，并打造好自身的产品，做到这些可以为店铺带来长期的流量保证。

5.4 引流：利用直播互动

短视频平台开通直播功能究竟有什么作用呢？短视频平台的首要目的毫无疑问是获取用户，如果没有用户，就谈不上运营。短视频平台开通直播功能可以为产品注入自发传播的基因，从而促进应用的引流、分享、拉新。从"自传播"到再次获取新用户，应用运营可以形成一个螺旋式上升的轨道。

5.4.1 打造短视频直播室

以抖音为例，在运营抖音直播的过程中，一定要注意视频直播的内容规范要求，切不可逾越雷池，以免辛苦经营的账号被封。另外，在打造直播内容、产品或相关服务时，用户首先要切记遵守相关法律法规，只有合法的内容才可以被认可，才可以在互联网中快速传播。

1. 建立专业的直播室

首先要建立一个专业的直播室，主要包括以下几个方面。

- 直播室要有良好稳定的网络环境，保证直播时不会掉线和卡顿，不影响用户的观看体验。如果是在室外直播，建议选择无限流量的网络套餐。
- 购买一套好的电容麦克风设备，给用户带来更好的音质效果，同时也将自己的真实声音展现给他们。
- 购买一个好的手机外置摄像头，让直播效果更加高清，给用户留下更好的外在形象，当然也可以通过美颜等效果给自己的颜值加分。

其次还需要准备其他设备，包括桌面支架、三脚架、补光灯、手机直播声卡以及高保真耳机等。例如，LED（light emitting diode，发光二极管）直播补光灯可以根据不同场景调整画面亮度，具有美颜、亮肤的作用，如图5.19所示。手机直播声卡可以高保真收音，无论是高音还是低音都可以真实还原，让你的歌声更加出众，如图5.20所示。

图 5.19　LED 环形直播补光灯　　　　图 5.20　手机直播声卡

2. 设置一个吸睛的封面

抖音直播的封面图片设置得好，能够为各位主播吸引更多的粉丝观看。目前，抖音直播平台上的封面都是以主播的个人形象照片为主，背景以场景图居多。抖音直播封面没有固定的尺寸，不宜过大也不要太小，只要是正方形等比例都可以，但是画面要做到清晰美观。

3. 选择合适的直播内容

目前，抖音直播的内容以音乐为主，不过也存在其他类型的直播内容，如美妆、美食、"卖萌"以及一些生活场景直播等。从抖音的直播内容来看，都是根据抖音社区文化衍生出来的，而且比较符合抖音的产品气质。

5.4.2　直播吸粉引流技巧

直播借着短视频平台又再次回到了人们的视野，用户只需一部手机即可直播，但是直播的竞争却非常残酷，因此运营者需要掌握吸粉引流的技巧，让自己的账号"火"起来。

1. 内容垂直

根据自己的定位策划垂直领域的内容，在直播前可以先制定一个大纲，然后再围绕这个大纲细化具体的直播过程，准备好相关的道具、歌曲和剧本等。

2. 特色名字

起名字时需要根据不同的平台受众设置不同的名称。

- 以电竞为主的虎牙等平台，主播起名字时就需要大气、霸气一些。
- 以二次元内容为主的哔哩哔哩等平台，主播起名字时可以更符合"宅"文化一些，尽可能年轻、潮流。

- 以导购内容为主的淘宝直播等平台，主播名字则要与品牌或产品等定位相符合，让人产生信赖感。

3. 专业布景

直播的环境不仅要干净整洁，而且也要符合自己的内容定位，给观众带来好的直观印象。例如，以卖货为主的直播环境中，可以在背景里挂一些商品，商品的摆设要整齐，房间的灯光要明亮，从而突出商品的品质，如图 5.21 所示。

图 5.21 直播布景示例

4. 聊天话题

主播可以制造热议话题为自己的直播间快速积攒人气，"话痨好过哑巴"，但是话题内容一定要健康、积极、向上，要符合法律法规和平台规则。当然，主播在与粉丝聊天互动时，还需要掌握一些聊天的技巧，如图 5.22 所示。

直播聊天技巧
- 交流时可以借助面部表情、动作姿态表达内容
- 语言要恰如其分，不要夸大其词，不随便开玩笑
- 欢迎新观众时态度要真诚，尽可能让他们留下来
- 多夸奖别人，让他们乐于为你点赞
- 表达清晰，语言得体，谦虚懂礼貌，交谈幽默风趣

图 5.22 直播聊天技巧

111

5. 定位清晰

精准的定位可以形成个性化的人设，有利于将你打造成一个细分领域的专家形象，下面介绍一些热门的直播定位类型以供参考，如图 5.23 所示。

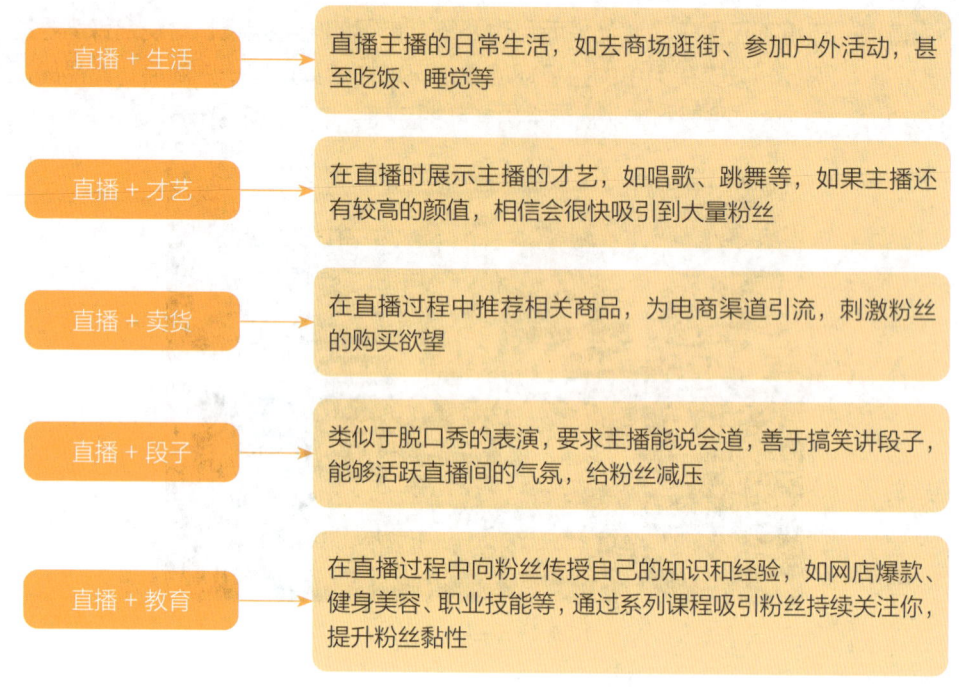

直播 + 生活	直播主播的日常生活，如去商场逛街、参加户外活动，甚至吃饭、睡觉等
直播 + 才艺	在直播时展示主播的才艺，如唱歌、跳舞等，如果主播还有较高的颜值，相信会很快吸引到大量粉丝
直播 + 卖货	在直播过程中推荐相关商品，为电商渠道引流，刺激粉丝的购买欲望
直播 + 段子	类似于脱口秀的表演，要求主播能说会道，善于搞笑讲段子，能够活跃直播间的气氛，给粉丝减压
直播 + 教育	在直播过程中向粉丝传授自己的知识和经验，如网店爆款、健身美容、职业技能等，通过系列课程吸引粉丝持续关注你，提升粉丝黏性

图 5.23 热门的直播定位类型

6. 准时开播

直播的时间要固定好，因为很多粉丝都是利用闲暇时间看直播的，直播时间一定要跟他们的空闲时间对得上，这样他们才有时间看直播。因此，主播最好是找到粉丝活跃度最高的时间段，然后每天定时定点直播。

7. 抱团吸粉

可以多和一些内容定位相近的主播维护好关系，成为朋友，这样可以相互推广，相互照顾。当大家都有一定粉丝基础后，主播还可以带领自己的粉丝去朋友的直播间相互"查房"，这样不仅可以活跃直播间的气氛，而且能够很好地留住粉丝，进行互动。

8. 互动活动

如果在直播时，观众都比较冷淡，此时可以另外找一个人进行互动，两个人一起营造直播间的热闹氛围。另外，主播也可以选择一些老观众与他们互动，主动跟他们聊天，最大限度地提升粉丝黏性。

除了聊天外，主播还可以做一些互动活动，如带粉丝唱歌，教粉丝一些生活技巧，带粉丝一起打游戏，在户外做一些有益的活动，或者举行一些抽奖活动等。在图 5.24 所示的短视频案例中，通过直播户外登山活动，不仅展示了登山者的勇敢和毅力，而且为粉丝提供了一种全新的体验。在直播过程中，粉丝可以实时了解登山者的动态，感受到大自然的美妙与壮观，同时也能学习到一些户外知识和技能。此外，还可以鼓励粉丝在直播中评论、点赞和关注，让直播内容在更广泛的范围内传播。

图 5.24　游戏互动和户外互动活动

9. 营销自己

抖音通常会给中小主播分配一些地域流量，如首页推荐或者其他分页的顶部推荐，让主播可以处于一个较好的引流位置，此时主播一定要抓住一切机会推广自己、营销自己。

10. 维护粉丝

当通过直播积累了一定的粉丝量后，一定要做好粉丝的沉淀，可以将他们引流到微信群、公众号等平台，更好地与粉丝进行交流沟通，表现出对他们的重视。平时不直播的时候，也可以多给粉丝送一送福利、发一发红包或者优惠券等，最大化地实现用户存留，实现多次营销。

直播引流的技巧可以总结为"内容 + 互动 + 福利"，内容展现价值，互动增进感情，福利触发交易。

5.4.3　直播间与粉丝互动

抖音没有采用秀场直播平台常用的"榜单 PK（penalty kick，一对一单挑）"等方式，而是以粉丝点赞作为排行依据，这样可以让普通用户的存在感更强。下面介绍抖音直播的几种互动方式。

1. 评论互动

用户可以点击"说点什么"发布评论，此时主播要多关注这些评论内容，选择一些有趣的和实用的评论进行互动。

2. 礼物互动

礼物是直播平台最常用的互动形式，礼物的名字都比较特别，不仅体现出浓浓的抖音文化，同时也非常符合当下年轻人的使用习惯以及网络流行文化，如"小心心""爱的纸鹤"和"比心兔兔"等，如图 5.25 所示。

主播的总收入是以"抖币"的方式呈现的，粉丝给主播的打赏越多，获得的人气越高，收入自然也越高。

3. 建立粉丝团

抖音直播的主播一般都会有不同数量的粉丝团，这些粉丝可以在主播直播间享有一定特权，主播可以通过"粉丝团"与粉丝形成更强的黏性。❶ 点击直播界面左上角的 按钮；❷ 在弹出的面板中点击"加入粉丝团（1 抖币）"按钮，如图 5.26 所示，进行相应的支付操作就可以加入该主播的粉丝团，同时获得"免费礼物""粉丝铭牌"和"抖音周边"等特权。

图 5.25　直播平台中的礼物形式　　图 5.26　点击"加入粉丝团（1 抖币）"按钮

第6章

营销推广：踏上短视频变现崭新之路

■ 学前提示

　　做好短视频运营之后，更关键的是如何将自己的产品通过短视频的方式推销出去，这需要运营者掌握相关的品牌营销和推广技巧。如何利用流量庞大的抖音、快手平台推广自己的产品是本章介绍的重点。

■ 要点展示

　　营销策略：提高产品销量
　　抖音推广：获取平台流量
　　快手推广：快速收获粉丝

6.1 营销策略：提高产品销量

做好线上的品牌运营，关键是提高产品销量，这需要运营者了解一定的营销策略，把握用户心理，从而做好品牌推广。本节将为大家介绍 6 个方面的线上品牌营销策略。

6.1.1 活动营销

活动营销是指整合相关的资源策划相关活动，从而卖出产品，提升企业和店铺形象与品牌的一种营销方式。通过营销活动的推出，能够提升客户的依赖度和忠诚度，更利于培养核心用户。

活动营销是各种商家经常采用的营销方式之一，常见的活动营销种类包括抽奖营销、签到营销、红包营销、打折营销和团购营销等。许多店铺通常会采取"秒杀""清仓""抢购"等方式以相对优惠的价格吸引用户购买产品，增加平台的流量。

图 6.1 所示为某类店铺通过"清仓""秒杀"等关键词吸引用户目光的短视频。可以看到，这类店铺便是通过举办优惠活动进行产品销售，实际上就是典型的活动营销。

图 6.1 通过优惠活动吸引用户的短视频

活动营销的重点往往不在于活动的表现形式，而在于活动中的具体内容。也就是说，运营者在短视频和直播中做活动营销时需要选取用户感兴趣的内容，否则可能难以获得预期的效果。

对此，运营者需要将活动营销与用户营销结合起来，以活动为外衣，把用户需求作为内容进行填充。例如，当用户因产品价格较高不愿意下单时，可以通过发放满减优惠券的方式适度让利,以薄利获取多销。

6.1.2 饥饿营销

饥饿营销属于一种常见的营销战略,但是运营者要想采用饥饿营销策略,首先需要选择具有一定真实价值的产品,并且产品的品牌在用户心中有一定的知名度,否则目标用户可能不会买账。饥饿营销实际上就是通过降低产品供应量,造成供不应求的假象,从而形成品牌效应,快速销售产品。

饥饿营销运用得当产生的良好效果是很明显的,对店铺的长期发展也是十分有利的。图6.2所示为部分产品的饥饿营销相关界面,其便是通过较低的价格销售较为有限的数量的方式,使有需求的用户陷入疯狂的抢购状态。

图6.2 部分产品的饥饿营销相关界面

对于运营者来说,饥饿营销主要可以起到两个作用。一是获取流量,制造短期热度。例如,受价格的影响,大量用户将涌入这些产品的购买页面。二是提高品牌认知度。随着此次秒杀活动的开展,许多用户一段时间内会对这些产品所属品牌的印象加深,品牌的认知度将获得提高。

6.1.3 事件营销

事件营销就是借助具有一定价值的新闻、事件,结合自身的产品特点进行宣传、推广,从而达到产品销售的目的一种营销手段。运用事件营销引爆产品的关键就在于结合热点和时势。

以"熊猫花花"这个热门话题为例,随着话题的出现,一大批名人也迅速加入话题讨论,使其成了网络一大热点。许多厂家和店铺看到该事件之后,推出了熊猫花花的玩偶,如图6.3所示。

图6.3 销售熊猫花花玩偶的视频

该熊猫玩偶推出之后,借助"熊猫花花"这个热点话题,再加上该产品在抖音等平台的疯狂宣传,该熊猫玩偶的知名度大幅度提高,随之而来的是大量用户涌入店铺,产品成交量快速增加。

综上所述,事件营销对于打造爆品十分有利,但是,事件营销如果运用不当,也会产生一些不好的影响。因此,在事件营销中需要注意几个问题,如事件营销要符合新闻法规、事件要与产品有关联性以及营销过程中要控制好风险等。

事件营销具有几大特性,分别为重要性、趣味性、接近性、针对性、主动性、保密性以及可引导性等。这些特性决定了事件营销可以帮助店铺获得更多的流量,从而成功达到提高产品销量的目的。

6.1.4 口碑营销

互联网时代,用户很容易受到口碑的影响,当某一事物受到主流市场推崇时,大多数人都会对其趋之若鹜。对于运营者来说,口碑营销主要是通过产品的好评带动流量,让更多用户出于信任购买产品。

常见的口碑营销方式主要包括经验性口碑营销、继发性口碑营销和意识性口碑营销。接下来就简要介绍这些营销方式。

1. 经验性口碑营销

经验性口碑营销主要是从用户的使用经验入手,通过用户的评论让其他用户认可产品,从而产生营销效果。图6.4所示为某类水果店的门店评价界面。

图 6.4　某类水果店的门店评价界面

随着网络购物的发展，越来越多的人开始养成这样一个习惯，那就是在购买某件产品之前一定要先查看他人对该产品的评价，以此对产品的口碑进行评估。而店铺中某件产品的总体评价较好时，便可凭借口碑获得不错的营销效果。

例如，在上面的店铺评价中，绝大多数用户都是直接给好评，所以，当其他用户看到这些评价时，可能会认为该产品总体比较好并在此印象下将之加入购物清单，甚至直接进行购买。

2. 继发性口碑营销

继发性口碑营销的来源较为直接，就是用户直接在抖音、快手和淘宝等平台上了解产品相关的信息之后，逐步形成口碑效应。这种口碑往往来源于平台上的相关活动。

以京东为例，在该电商平台中，便是通过"京东秒杀""大牌闪购""品类秒杀"等活动给予用户一定的优惠。所以，京东便借助这个优势在用户心中形成了口碑效应。图 6.5 所示为"京东秒杀"的相关界面。

119

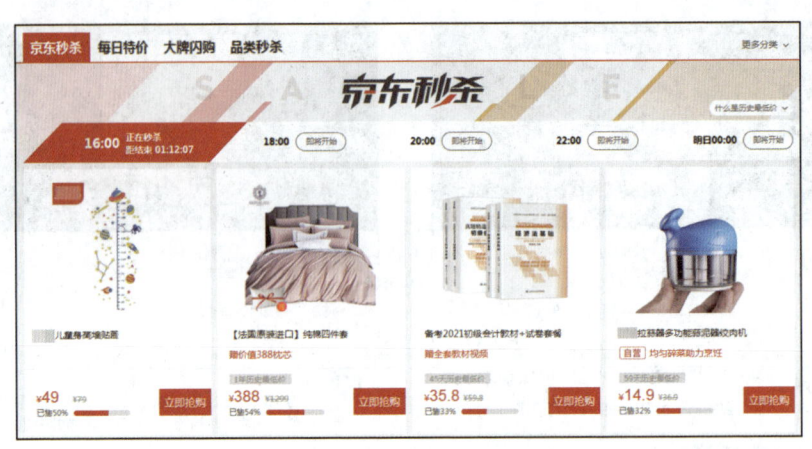

图 6.5 "京东秒杀"的相关界面

3. 意识性口碑营销

意识性口碑营销主要就是由明星效应延伸的产品口碑营销，往往由明星的名气决定营销效果，同时明星的粉丝群体也会进一步提升产品的形象，打造产品品牌。

相比于其他推广方式，请明星代言的优势就在于，明星的粉丝很容易"爱屋及乌"，在选择产品时，会有意识地将自己偶像代言的品牌作为首选，有的粉丝为了扩大偶像的影响力，甚至还会将明星的代言内容进行宣传。

口碑营销实际上就是借助从众心理，通过用户的自主传播吸引更多用户购买产品。在此过程中，非常关键的一点就是用户好评的打造。毕竟当新用户受从众心理的影响进入店铺之后，要想让其进行消费，还得先通过好评获得用户的信任。

6.1.5 品牌营销

品牌营销是指通过向用户传递品牌价值得到用户的认可和肯定，以达到维持稳定销量、获得口碑的目的。通常来说，品牌营销需要企业倾注很大的心血，因为打响品牌不是一件容易的事情，市场上生产产品的企业和商家有上千万家，能被用户记住和青睐的却只有那么几家。因此，如果运营者要想通过品牌营销的方式引爆产品、树立口碑，就应该从一点一滴做起，坚持不懈，这样才能齐抓名气和销量，赢得用户的青睐和追捧。

品牌营销可以为产品打造一个深入人心的形象，让用户更信赖品牌下的产品。品牌营销需要有相应的营销策略，如品牌个性、品牌传播、品牌销售和品牌管理，以便让用户记住品牌。

图 6.6 所示为某汽车品牌的宣传视频，从多个角度展现了汽车的设计细节，如流线型的车身、独特的前脸造型、精致的内饰等。同时，通过快速切换的画面和剪辑，突显了汽车的动感和速度感。这种视觉效果能够激发观众的感官体验，让他们感受到汽车的

强大性能和卓越品质。这种短视频营销方式有助于提升品牌知名度和美誉度，促进汽车产品的销售和市场占有率。

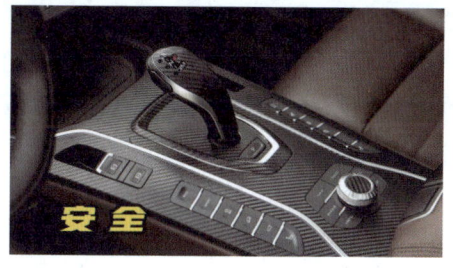

图 6.6 某品牌的营销广告视频

该品牌的品牌营销也是一步一步地从无到有摸索出来的，它也是依靠自己的努力慢慢找到品牌营销的诀窍，从而打造出受人欢迎的爆品的。要学会掌握品牌营销的优势，逐个击破。

那么，品牌营销的优势究竟有哪些呢？笔者将其总结为 4 点，具体如下。

- 有利于满足用户的需求。
- 有利于提升企业的影响力。
- 有利于提高企业的竞争力。
- 有利于提高企业的效率。

品牌营销的优势不仅对企业有利，而且对爆品的打造也同样适用，总之一切都是为了满足用户的需求。

6.1.6　借力营销

借力营销属于合作共赢的模式，其主要是指借助于外力或他人的优势资源，来实现自身的目标或者达到相关的效果。例如，运营者和主播在产品的推广过程中存在自身无法完成的工作，但是其他人擅长这方面的工作，就可以通过合作达成目标。

在进行借力营销时，运营者和主播可以借力于 3 个方面的内容，具体如下。

- 品牌的借力：借助其他知名品牌快速提升品牌和店铺的知名度和影响力。
- 用户的借力：借助其他平台中用户群体的力量宣传店铺及其产品。
- 渠道的借力：借助其他企业擅长的渠道和领域，节省资源、实现共赢。

借力营销能获得怎样的效果，关键在于借力对象的影响力。所以，在采用借力营销策略时，运营者应尽可能地选择影响力大且包含大量目标用户的对象，而不能抱着广泛撒网的想法到处借力。这主要有两个方面的原因：首先，运营者的时间和精力是有限的，这种广泛借力的方式对于大多数运营者来说明显是不适用的；其次，盲目地借力并不能将信息传递给目标用户，结果很可能是花了大量时间和精力，却无法取得预期的效果。

6.2 抖音推广：获取平台流量

在掌握一定的营销策略后，运营者需要借助平台的流量将自己的品牌推广出去，只有运用好推广的相关技巧，才能将流量转化为实体销量。本节以抖音平台为例，为大家介绍该短视频平台的推广方法。

6.2.1 DOU+ 引流

DOU+ 上热门功能是一种给短视频加热，然后让更多用户看到该短视频的功能。简单地理解，其实质就是运营者通过向抖音平台支付一定的费用，花钱买热门，提高短视频的传播率。在抖音 App 中，有两种使用 DOU+ 作品推广功能的方法，即在"我"界面和在视频播放界面中使用。接下来，笔者将分别进行简单的说明。

1. 在"我"界面中使用

在个人主页中使用 DOU+ 上热门功能的步骤具体如下。

步骤 01 登录抖音 App，进入"我"界面，❶点击界面中的 按钮；❷在弹出的面板中点击"更多功能"按钮，如图 6.7 所示。

步骤 02 弹出新的面板，点击该面板中的"上热门"按钮，如图 6.8 所示。

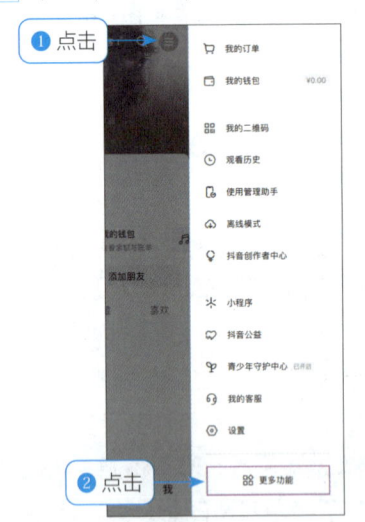

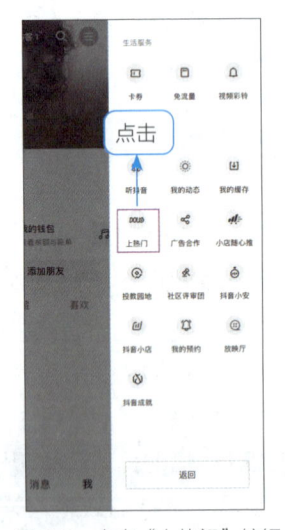

图 6.7 点击"更多功能"按钮　　图 6.8 点击"上热门"按钮

步骤 03 进入新的界面，❶在该界面中选择需要推广的短视频；❷点击视频右侧的"上热门"按钮，如图 6.9 所示。

步骤 04 进入"速推版"界面，如图 6.10 所示。在该界面中，运营者可以查看被推广视频的相关信息和 DOU+ 上热门的预期效果等。运营者只需点击下方的"支付"

按钮并支付相应的费用，就可以将短视频推上热门，提高其浏览量和传达率。

如果运营者想要更多的推广功能，可以点击"速推版"界面下方的"更多能力请前往定向版"按钮，在定向版中了解更多功能。

图 6.9　点击"上热门"按钮　　　　图 6.10　"速推版"界面

2. 在视频播放界面中使用

除了可以在"我"界面中使用之外，DOU+ 上热门功能还能在视频播放界面中使用，这在第 5.2.3 小节已进行详细介绍，此处不再赘述。

6.2.2　SEO 优化搜索引流

SEO（search engine optimization，搜索引擎优化）是指利用搜索引擎的规则，通过对内容的优化获得更多流量，从而实现自身品牌的营销目标。所以，说起 SEO，许多人首先想到的可能就是搜索引擎的优化，如百度平台的 SEO，借助该平台的 SEO 掌握网页的特定关键词搜索数据，能提高品牌网页的用户访问量。

其实，SEO 不只是搜索引擎独有的运营策略，抖音短视频同样是可以进行 SEO 的。例如，可以通过对抖音短视频的内容运营实现内容霸屏，从而让相关内容获得快速传播。

抖音短视频 SEO 优化的关键就在于视频关键词的选择，而视频关键词的选择又可以细分为两个方面，即关键词的确定和使用。下面就来具体讲解如何确定关键词。

123

1. 视频关键词的确定

用好关键词的第一步就是确定合适的关键词。通常来说，关键词的确定主要有以下两种方法。

（1）根据内容确定关键词。什么是合适的关键词？笔者认为，它首先应该是与抖音号的定位以及短视频内容相关的。否则，用户即便看到了短视频，也会因为内容与关键词不对应而直接滑过，而这样一来，选取的关键词也就没有价值了。

（2）通过预测选择关键词。除了根据内容确定关键词之外，还需要学会预测关键词。用户在搜索时所用的关键词可能会呈现阶段性的变化。具体来说，许多关键词都会随着时间的变化而具有不稳定的升降趋势。因此，运营者在选取关键词之前，需要先预测用户搜索的关键词。下面从两个方面介绍如何预测关键词。

社会热点新闻是人们关注的重点，当社会新闻出现后，会出现一大波新的关键词，而搜索量高的关键词称为热点关键词。因此，运营者不仅要关注社会新闻，而且要会预测社会热点，抢占最有利的时间预测出社会热点关键词并将其用于抖音短视频中。下面将介绍一些预测社会热点关键词的方向，如图 6.11 所示。

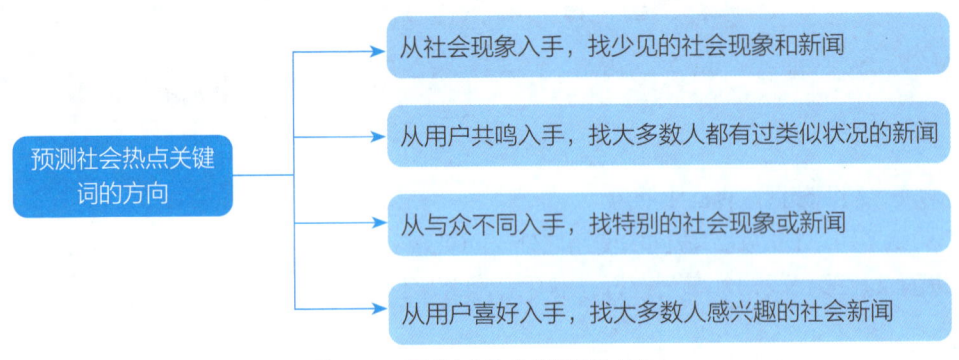

```
                    ┌── 从社会现象入手，找少见的社会现象和新闻
                    │
预测社会热点关键 ───┼── 从用户共鸣入手，找大多数人都有过类似状况的新闻
词的方向            │
                    ├── 从与众不同入手，找特别的社会现象或新闻
                    │
                    └── 从用户喜好入手，找大多数人感兴趣的社会新闻
```

图 6.11　预测社会热点关键词的方向

除此之外，即便搜索同一类物品，用户在不同时间段选取的关键词仍有可能会有一定的差异。也就是说，用户在搜索关键词的选择上可能会呈现出一定的季节性。因此，运营者需要根据季节性预测用户搜索时可能会选取的关键词。

值得一提的是，关键词的季节性波动比较稳定，主要体现在季节和节日两个方面。如用户在搜索服装类内容时，可能会直接搜索包含四季名称的关键词，即春装、夏装等。

季节性的关键词预测还是比较容易的，运营者除了可以从季节上进行预测，还可以从以下方面进行预测，如图 6.12 所示。

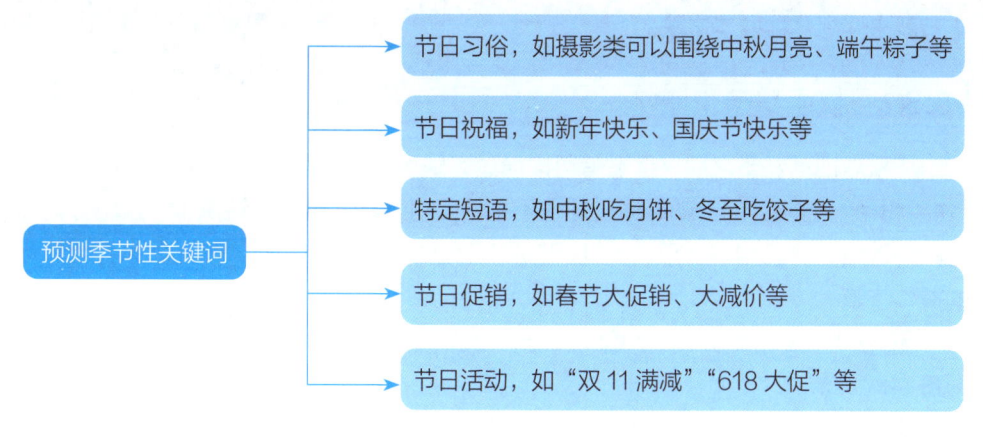

预测季节性关键词
- 节日习俗，如摄影类可以围绕中秋月亮、端午粽子等
- 节日祝福，如新年快乐、国庆节快乐等
- 特定短语，如中秋吃月饼、冬至吃饺子等
- 节日促销，如春节大促销、大减价等
- 节日活动，如"双11满减""618大促"等

图6.12 预测季节性关键词

2. 视频关键词的使用

在添加关键词之前，运营者可以通过查看朋友圈动态、微博热点等方式抓取近期的高频词汇，将其作为关键词嵌入抖音短视频。

需要特别说明的是，运营者统计出近期出现频率较高的关键词后，还需要了解关键词的来源和意义，只有这样才能让关键词用得恰当。

除了选择高频词汇之外，运营者还可以通过在抖音号介绍信息和在短视频文案中增加关键词使用频率的方式让内容尽可能地与自身业务联系起来，从而给用户一种专业的感觉。

6.2.3 互推引流

互推就是互相推广的意思。大多数抖音账号在运营过程中都会获得一些粉丝，只是许多运营者的粉丝量并不是很多。此时，运营者便可以通过与其他抖音账号进行互推，让更多用户看到你的抖音账号，从而提高抖音账号的传播范围，让抖音账号获得更多的流量。

在抖音平台中，互推的方法有很多，其中比较直接有效的一种互推方式就是在视频文案中互相@，让用户看到相关视频之后，就能看到互推的账号。

需要注意的是，选择互推的账号应当有足够高的活跃度，否则就不会对自己的品牌运营起到很大的引流推广作用。

6.3 快手推广：快速收获粉丝

除了抖音平台以外，快手也拥有很大的流量，要想从默默无闻到变成网红达人，其中一个关键就是通过营销推广，增强自身影响力。那么，如何做好快手推广呢？

本节就来介绍几种推广方法。

6.3.1 快手粉条引流

快手短视频发布之后，运营者可以通过"快手粉条"功能对视频进行作品推广。"快手粉条"功能实际上就是通过向快手平台支付一定的金额，让快手平台将你的短视频推送给更多的用户。那么，"快手粉条"功能要如何使用呢？下面就来介绍具体的操作步骤。

步骤 01 登录快手 App，❶ 切换至"我"界面；❷ 点击界面右上角的 按钮，如图 6.13 所示。

步骤 02 在弹出的面板中点击"设置"按钮，如图 6.14 所示。

步骤 03 进入"设置"界面，选择"快手粉条"选项，如图 6.15 所示。

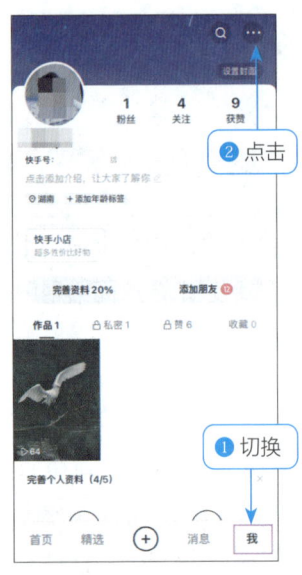

图 6.13 点击相应的按钮　　图 6.14 点击"设置"按钮　　图 6.15 选择"快手粉条"选项

步骤 04 进入"快手粉条"界面，选择想要推广的作品，如图 6.16 所示。

步骤 05 切换至"速推版"选项卡，选择"自定义"标签，弹出新的面板，如图 6.17 所示，运营者可以在输入框中输入希望视频被看到的人数。

步骤 06 点击标签下方的"推广时长：12 小时"按钮，弹出"推广时长"面板，会显示 3 种推广时长选项，如图 6.18 所示。运营者可以根据需要进行时长选择，设置好所有参数后确认支付即可。

图 6.16　选择想要推广的作品　　图 6.17　选择"自定义"标签　　图 6.18　"推广时长"面板

步骤 07 切换至"标准版"选项卡,点击"涨粉互动"按钮,运营者可以设置希望提升的具体数据,如点赞评论数、涨粉数等,如图 6.19 所示。如果运营者开通了快手小店,可以点击"推广门店"按钮,如图 6.20 所示,进行小店推广,提升产品销量。

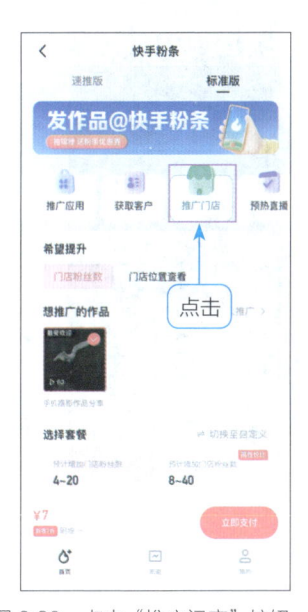

图 6.19　点击"涨粉互动"按钮　　图 6.20　点击"推广门店"按钮

在快手粉条推广自己的作品时,需要事先了解可推广作品的规则。图 6.21 所示为可推广作品规则。

127

```
可推广作品规则
1. 发布时间在30天以内、公开
   且审核通过
2. 作品原创，没有其他平台水印
3. 不存在违法违规、引人不适
   等内容
```

图 6.21　可推广作品规则

6.3.2　同框引流

当我们看到有趣的视频，或者看到某位知名人士发布的快手视频时，可以通过拍同框视频功能借助原有视频或某位知名人士的影响力进行引流。所谓拍同框，就是指在一段视频的基础上再拍摄另一段视频，然后这两个视频会分别在屏幕的左、右两侧同时呈现。接下来，就对快手拍同框视频的具体操作进行简要的说明。

步骤 01　在需要拍摄同框的视频界面中点击界面右侧的"分享"按钮，如图6.22所示。

步骤 02　弹出"分享至"面板，点击面板中的"一起拍同框"按钮，如图6.23所示，即可实现同框拍视频。

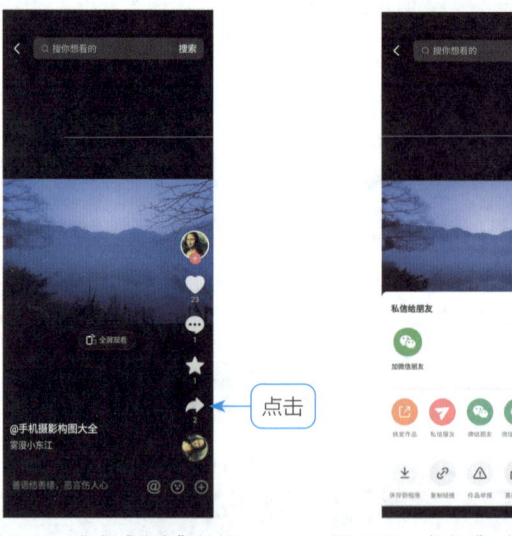

图 6.22　点击"分享"按钮　　　图 6.23　点击"一起拍同框"按钮

6.3.3　同款引流

快手平台中的拍同款功能实际上是指拍摄相同背景音乐的视频。运营者如果觉得某段视频的背景音乐比较热门，便可以利用拍同款功能借助原视频的背景音乐打造视频内容，为视频进行引流。具体来说，快手拍同款视频的具体操作如下。

步骤 01 进入搜索界面，❶ 输入背景音乐的名字并搜索；❷ 选择想要拍同款的音乐，如图 6.24 所示。

步骤 02 在新的界面中点击"拍同款"按钮，如图 6.25 所示。

步骤 03 进入拍摄界面，界面右下方会显示添加的音乐名称，如图 6.26 所示。

图 6.24 选择想要拍同款的音乐　　图 6.25 点击"拍同款"按钮　　图 6.26 显示添加的音乐名称

步骤 04 拍摄完成后，点击"下一步"按钮，如图 6.27 所示。

步骤 05 进入"发布"界面，填写好视频的标题，如图 6.28 所示，设置好相关数据，即可点击"发布"按钮发布视频。

步骤 06 如果发布成功，视频播放界面下方会显示原背景音乐的名称，说明拍同款视频操作成功了，如图 6.29 所示。

图 6.27 点击"下一步"按钮　　图 6.28 进入"发布"界面　　图 6.29 拍同款视频成功

6.3.4 了解平台特点

在做快手号运营之前,运营者首先需要了解快手平台的规则和特点,主要有以下 3 个方面。

1. 强社交属性

快手拥有创建群聊和发表说说的功能,能够增加运营者和粉丝互动的机会,帮助运营者增强粉丝黏性。群聊可以在个人账号主页的"选择展示的群聊"中点击添加,下面就来介绍创建群聊的操作步骤。

步骤 01 登录快手 App,❶ 切换至"我"界面;❷ 点击界面右上角的 按钮,如图 6.30 所示。

步骤 02 在弹出的面板中点击"添加群聊"按钮,如图 6.31 所示。

步骤 03 进入"加入的群聊"界面,可以看到目前还没有添加任何群聊,点击"创建群聊"按钮新建群聊,如图 6.32 所示。

图 6.30 点击相应的按钮　　图 6.31 点击"添加群聊"按钮　　图 6.32 点击"创建群聊"按钮

步骤 04 进入"创建群聊"界面,点击"开始创建"按钮,如图 6.33 所示。

步骤 05 进入"选择群分类"界面,根据群聊的类型进行选择。例如,选择"粉丝"标签,如图 6.34 所示。

步骤 06 进入"编辑群资料"界面,填写好相应的内容后,点击下方的"提交"按钮,如图 6.35 所示。

图 6.33　点击"开始创建"按钮　　图 6.34　选择"粉丝"标签　　图 6.35　点击"提交"按钮

步骤 07 提交群资料后，等待审核通过，群聊就创建成功了。

除了创建群聊之外，运营者也可以通过发表说说与粉丝进行互动。同样是在"我"界面，切换至"说说"选项卡，再点击"发说说"按钮，如图 6.36 所示。进入发表说说的页面，输入文字或添加图片，如图 6.37 所示。另外还可以添加表情和 @ 好友，最后点击"发布"按钮即可发布说说。

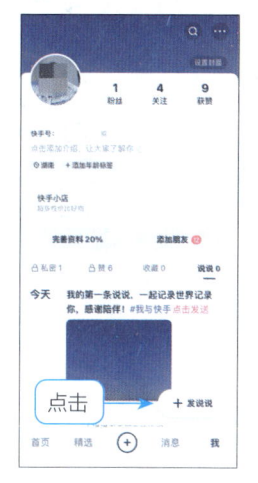

图 6.36　点击"发说说"按钮　　图 6.37　输入文字

2. 去中心化分配

快手以去中心化的原则进行流量分配和内容推荐，这使快手的流量分配比较均匀，不会出现两极分化的情况，能让那些运营新手也有机会获得大量流量。

3. 基于社交和兴趣

快手是依据用户的社交和兴趣进行内容推荐的，所以在快手的"精选"界面中给用户推荐的内容大多是他喜爱或者是与他关注的账号相关的。图6.38所示为"精选"界面。

图6.38 "精选"界面

6.3.5 增强粉丝黏性

在做快手运营的起步阶段，运营者需要用短视频为自己积累粉丝。而要想快速地吸引流量，还可以从快手用户的活跃时间点入手，也就是说选择在快手用户活跃人数最多的时间段发布视频内容。

前面提到过快手平台的强社交属性，运营者和粉丝之间的互动程度很高。除了前面所讲的创建群聊和发表说说这两种互动方式之外，还有两种互动形式，那就是评论和直播。

如果说短视频的内容是用来吸粉的话，那直播的作用就是沉淀粉丝，进一步巩固和粉丝的关系，只有提高运营者与粉丝之间的黏性，才能够转化为直播期间的真实带货数据。

6.3.6 利用直播带货

快手开通直播后，便以打赏加带货的模式发展，虽然起步比淘宝晚，但是发展速度却比淘宝还要快一些。快手直播的发展比较简单粗暴，内容审核比较松，只要不违反法律即可。

众所周知，快手主打的是下沉市场，用户群体主要集中在三、四线城市，甚至包括城镇和农村。快手电商的商品类型主要是低毛利率的尾货商品，其成交场所主要有淘宝、有赞、快手自营、拼多多等。

快手直播带货的优势主要有图 6.39 所示的几点。

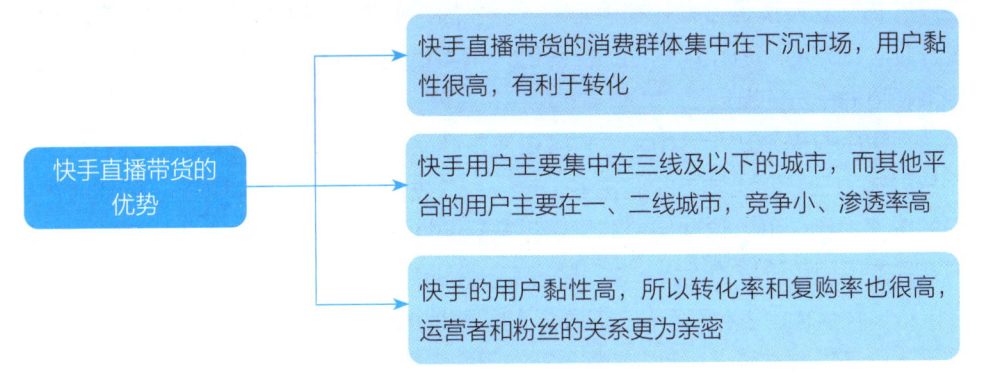

```
快手直播带货的优势
├─ 快手直播带货的消费群体集中在下沉市场，用户黏性很高，有利于转化
├─ 快手用户主要集中在三线及以下的城市，而其他平台的用户主要在一、二线城市，竞争小、渗透率高
└─ 快手的用户黏性高，所以转化率和复购率也很高，运营者和粉丝的关系更为亲密
```

图 6.39 快手直播带货的优势

快手是根据用户的社交关注和兴趣爱好推荐内容的，同样也是基于这个机制为运营者分配流量的。快手平台的内容展现形式是瀑布式双栏，用户关注喜欢的账号之后就可以在"精选"页接收到运营者推送的内容。

快手平台的用户黏性之所以高，是因为快手互粉推荐机制，也就是说平台会根据用户关注的账号为用户推荐相关联的账号。平台推荐的账号一般有以下 4 种类型。

- 根据你关注的人推荐。
- 有多少位好友共同关注。
- 你可能认识的人。
- 附近的人。

互相关注的人会成为你的好友，可以在快手"粉丝"界面中查看，其头像右侧会有"互相关注"按钮，如图 6.40 所示。

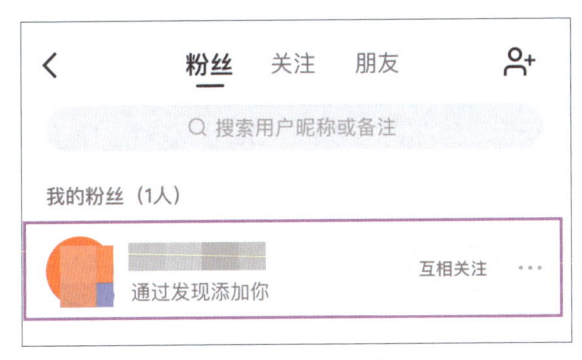

图 6.40 快手的"粉丝"界面

快手独特的内容生态、社区气氛、粉丝经济奠定了直播带货的基础，其内容生态的真实性使运营者很容易取得粉丝的信任。除了内容之外，相比其他平台的运营

133

者而言，快手运营者更加注重与粉丝的互动，这使快手的粉丝黏性和忠诚度非常高。

快手粉丝经济最突出的表现就是互动秒榜机制，具体操作是你给其他运营者一直刷礼物，获得该运营者礼物榜单的第一名后，他为了感谢你，会让自己的粉丝团关注你，而这时你就可以借助运营者的人气卖货，这种互利互惠的模式有利于快手电商和直播带货的发展。

在快手直播带货平台中，运营者更注重产品的性价比和产品直销。因为快手的用户群体为三、四线城市的消费者，与一、二线城市的用户不同，三、四线城市用户的购买力比较低，这些用户非常看重产品的性价比。运营者在卖货时需要告诉用户产品的价值和价格的优势，讲品牌没有多大的作用。

很多快手运营者会在产品的加工厂和原产地进行直播，强调产品是"源头好货"，这种直播带货方式可以让用户和粉丝对产品的质量放心。

与抖音等其他平台的流量分发机制不同，快手运营者更容易沉淀私域流量。某平台"快手平台电商营销价值研究"报告的数据显示，有32%的快手用户会因为信任运营者（主播）而购买其推荐的商品，如图6.41所示。

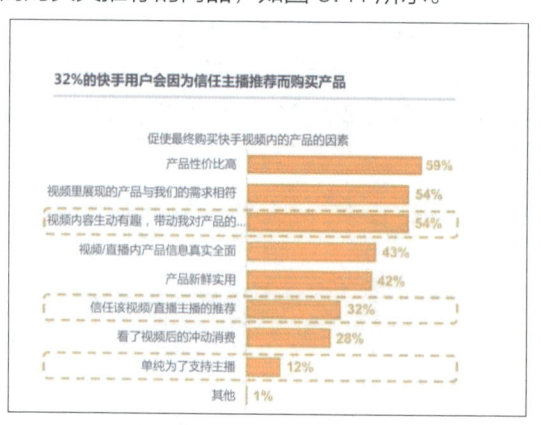

图 6.41　"快手平台电商营销价值研究"报告

基于快手直播生态内容的真实性，KOC（key opinion consumer，关键意见消费者）营销模式有利于运营者的带货效果。KOC也是产品的深度体验者，他们直播分享自己对产品的亲身体验，带货过程中注重和粉丝的互动。虽然内容不一定非常优质，但是足够真实，用户对其的信任度非常高，可以将平台的公域流量转化为私域流量。

例如，某快手账号直播分享的是对于产品的评测，向粉丝详细地介绍产品的功能以及自己的使用体验。虽然他在直播的过程中显得不是很自然和从容，但是让人觉得更加真实和朴素。

淘宝直播平台看重的是头部运营者，而快手更加注重腰部运营者。为此，快手一方面激励运营者创作出更多优质内容，另一方面提供多种功能和工具帮助腰部运营者快速获取粉丝，实现转化和变现。

虽然快手直播在粉丝的用户黏性上占据优势，但是直播带货最为重要的是产品的复购率和质量问题。产品一旦出现质量问题，运营者和平台就会引发信任危机，这是快手需要进一步完善的地方。

直播带货是快手运营中非常重要的部分，接下来就介绍快手直播带货的技巧。运营者在快手进行直播带货需要做到 7 个方面，具体内容如下。

1. 吸引观众注意力

运营者在直播时要时刻保持热情的状态，用自己的情绪感染直播间的观众，让直播间维持火热的气氛。要做到这一点，建议运营者用发福利、赠送礼物等形式吸引观众。

2. 传递有效的信息

直播的时间虽然不短，但却是十分宝贵的。因为观众的注意力是有限的，所以运营者在直播过程中要充分地利用时间讲解产品的有效信息。以服装产品为例，产品的有效信息包括尺码、材质、款式等。

3. 刺激购买的欲望

要想刺激观众的购买欲望，促使观众下单购买，可以通过饥饿营销、价格刺激、挖掘痛点等方法实现。例如，运营者可以告诉观众，某件商品只有 500 件的库存，市场原价 300 元，现在搞活动，领取优惠券只要 150 元。这样观众听到后就会产生一种紧迫感，从而产生购买的冲动和欲望。

4. 打消观众的顾虑

任何人在购买商品的时候都会有所顾虑，之所以犹豫是因为担心产品可能产生的各种问题，如售后服务、质量、保修、价格、安全性等，如果运营者能针对观众的这些疑问给予解决方案，那么就能打消其顾虑，从而使他们放心地购买产品。例如，针对售后问题，运营者可以承诺 7 天无理由退货；针对质量问题，运营者可以说"假一赔十"；针对安全问题，运营者可以承诺纯天然手工制作。

5. 确保用户成交率

在直播带货的过程中，观众下单是非常重要的一步，所以为了引导观众下单和避免有些观众因不熟悉操作而造成的订单流失，运营者需要在直播时反复强调和讲解下单的流程和操作方法，以确保用户成交率。

6. 直播数据的分析

运营者要想做好直播带货，就必须学会数据分析，而要想做好数据分析，就必须要有一款专业的数据分析工具。无论是做短视频运营还是直播运营，对数据的分析是必不可少的，数据分析可以优化我们的运营决策。这里给大家推荐一款专业的短视频和直播电商数据分析工具——飞瓜数据快手版。

飞瓜数据快手版有两个非常实用功能，具体如下。

（1）直播监控。直播监控能够快速抓取直播的最新数据，提供快速直播数据趋势监控和数据导出服务，能够分析直播的效果，包括运营者的礼物收入、弹幕数、人气值等，以便运营者快速查看直播效果。图 6.42 所示为直播监控的相关页面。

图 6.42　直播监控

（2）直播数据分析。通过这个功能，运营者可以实时了解直播的趋势走向，如销售趋势、点赞数趋势、直播时长趋势等 7 个维度的曲线趋势图。此外，还提供直播粉丝画像、送礼用户 TOP 排行榜、弹幕词云。

7. 必备的互动技巧

对于快手新手运营者来说，最大的问题在于不知道如何与观众、粉丝进行互动，有的甚至在直播一开始就陷入冷场的尴尬境地。下面总结了新手运营者在互动时遇到的几个常见的问题，如图 6.43 所示。

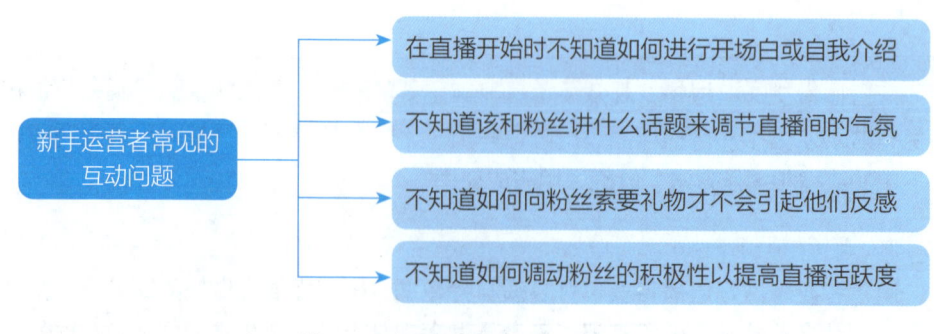

新手运营者常见的互动问题：
- 在直播开始时不知道如何进行开场白或自我介绍
- 不知道该和粉丝讲什么话题来调节直播间的气氛
- 不知道如何向粉丝索要礼物才不会引起他们反感
- 不知道如何调动粉丝的积极性以提高直播活跃度

图 6.43　新手运营者常见的互动问题

针对这些问题，下面教大家一些运营者必备的暖场技巧，帮助新手运营者提升自己的互动技巧，告别冷场。

（1）宣传技巧。在直播的过程中，运营者要学会给自己打广告，进行宣传，向粉丝和观众推广自己，这样能获得他们的喜爱，吸引新的粉丝关注。常见的宣传技巧有以下3种。

- 时间宣传技巧。时间宣传技巧就是告诉粉丝和观众自己直播的日期和时间段。例如，"观众朋友们，我会在每天晚上8点到11点进行直播，每天准时不见不散。"

- 才艺宣传技巧。如果运营者拥有一定的才艺，就可以向观众宣传自己的才能和技艺，也就是告诉他们自己会什么。例如，"我既会唱歌，又会跳舞，尤其擅长古风歌曲，现在我就给大家来一首。"

- 自我宣传技巧。自我宣传技巧其实就是自我介绍或者自我营销，在使用这种技巧时可以进行一定的夸张，以增加粉丝对你的崇拜感和期望值。例如，"我明明可以靠颜值吃饭却偏偏靠才华""我有经天纬地之才，包藏天地之志"等。

（2）欢迎技巧。俗话说得好："来者是客。"对于运营者来说，每一个进入直播间的粉丝和观众都要欢迎，不论粉丝的等级大小以及是否给你刷过礼物，不能失之偏颇。那么，运营者可以说些什么话欢迎进入直播间的粉丝呢？常见的进场欢迎技巧如图6.44所示。

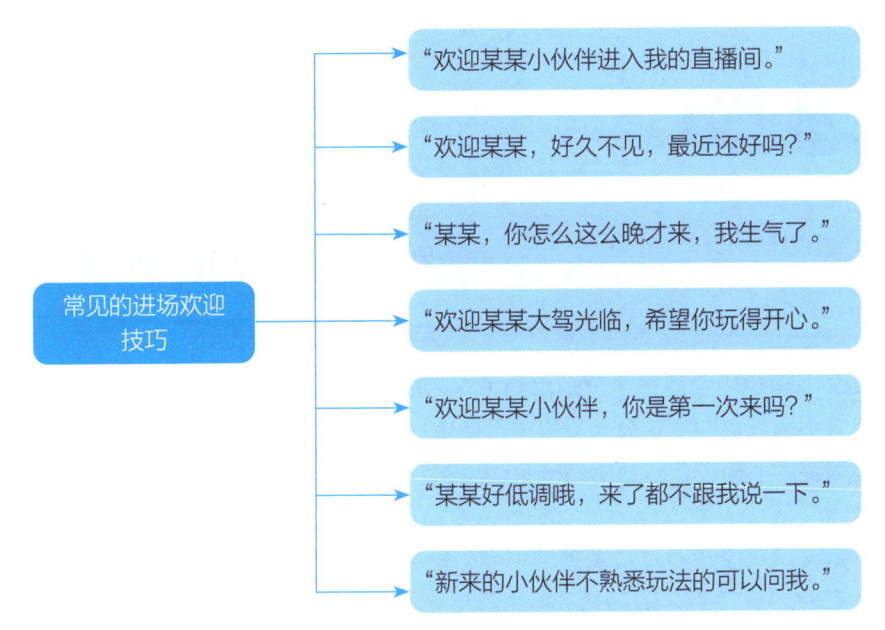

常见的进场欢迎技巧：
- "欢迎某某小伙伴进入我的直播间。"
- "欢迎某某，好久不见，最近还好吗？"
- "某某，你怎么这么晚才来，我生气了。"
- "欢迎某某大驾光临，希望你玩得开心。"
- "欢迎某某小伙伴，你是第一次来吗？"
- "某某好低调哦，来了都不跟我说一下。"
- "新来的小伙伴不熟悉玩法的可以问我。"

图6.44 常见的进场欢迎技巧

运营者通过进场欢迎技巧可以让进入直播间的粉丝和观众感受到运营者的热情

和真诚，还能让他们拥有存在感和被重视的感觉，进而提高直播间的留存率。

（3）引导技巧。当直播间陷入冷场时，运营者需要有意识地调节气氛，这就要求运营者能够根据不同的情景用不同的技巧引导粉丝和观众参与互动。要做到这一点，就需要学会使用话题引导技巧，话题引导技巧的作用就是让直播间的粉丝能够积极发言，提高他们的参与积极性，增加其停留的时间。

下面给大家列举一些常见的话题引导技巧，帮助运营者提高直播间的活跃度。

- 示例1："大家怎么都不说话，不如我给你们唱首歌怎么样？"
- 示例2："你们玩不玩王者荣耀，我在××区，你们呢？"
- 示例3："想听我唱《晴天》的发送1，想听《青花瓷》的发送2！"
- 示例4："觉得我讲得好的话，就给我刷一波鲜花或666！"
- 示例5："接下来就是见证奇迹的时刻，来波鲜花让我感受一下你们的热情好吗？"

（4）请求关注技巧。开直播的目的就是积累粉丝，所以运营者要时刻想尽办法提醒观众和用户关注你的直播间或账号。请求关注的技巧有很多，运营者尽量不要翻来覆去只用一句话，这样会使用户感到枯燥乏味，没有新意。如果每次请求用户关注时都能够用不同的话语进行表达，效果会明显不同。图6.45列举了一些不同的请求关注的技巧。

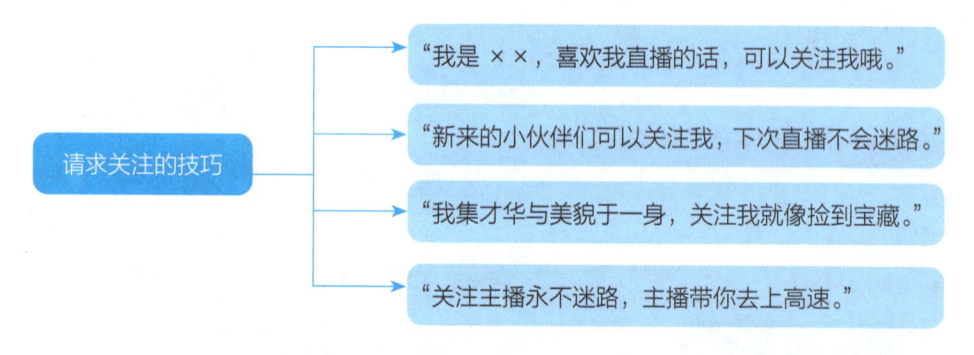

请求关注的技巧
- "我是××，喜欢我直播的话，可以关注我哦。"
- "新来的小伙伴们可以关注我，下次直播不会迷路。"
- "我集才华与美貌于一身，关注我就像捡到宝藏。"
- "关注主播永不迷路，主播带你去上高速。"

图6.45　请求关注的技巧

（5）下播技巧。能够坚持到直播结束的观众都是运营者的忠实粉丝，对于一个合格的快手运营者而言，每一场直播都要做到慎始善终。所以，在直播快要结束时，运营者需要用下播技巧对直播做一个简单的总结。常见的下播技巧有如图6.46所示的几种。

下播技巧不仅是对本次直播的总结，更是下一场直播的预告，它能够加深粉丝对你的不舍之情，提高粉丝的黏性。

常见的下播技巧

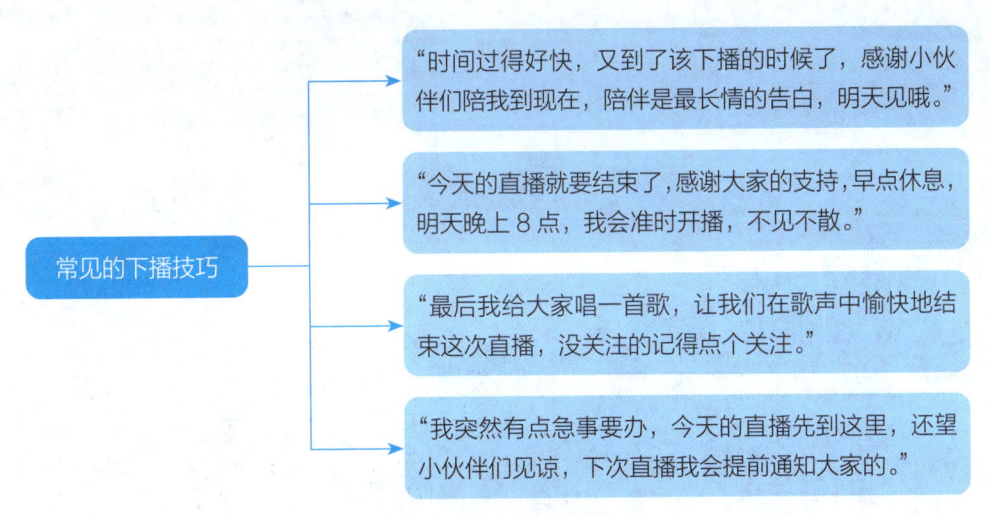

- "时间过得好快，又到了该下播的时候了，感谢小伙伴们陪我到现在，陪伴是最长情的告白，明天见哦。"
- "今天的直播就要结束了，感谢大家的支持，早点休息，明天晚上 8 点，我会准时开播，不见不散。"
- "最后我给大家唱一首歌，让我们在歌声中愉快地结束这次直播，没关注的记得点个关注。"
- "我突然有点急事要办，今天的直播先到这里，还望小伙伴们见谅，下次直播我会提前通知大家的。"

图 6.46　常见的下播技巧

（6）谈心技巧。很多运营者在直播互动的过程中，经常会和粉丝谈心以拉近双方的距离，加深彼此之间的感情。与粉丝谈心的技巧没有什么固定的模板，最重要的是要推心置腹，真诚相待，这样才能得到粉丝的信任。

运营者可以和粉丝吐露自己开直播的真实想法。例如，"我开直播除了因为兴趣爱好之外，还有就是想得到别人的认可，当然也希望能获得一定的收入。"从这句话中，我们能充分感受到运营者的真性情，被他的人格魅力打动。

第7章

电商变现：获得短视频亿级流量红利

■ 学前提示

　　短视频的电商变现是基于短视频进行宣传和引流的，需要实实在在地将商品或服务销售出去才能获得收益。如今，短视频已经成了极佳的私域流量池，带货能力不可小觑。本章主要为大家介绍短视频平台的电商变现渠道和相关技巧。

■ 要点展示

　　视频卖货：提升带货转化率
　　抖音电商：带货卖货变现
　　快手电商：带货卖货变现

7.1 视频卖货：提升带货转化率

在运营抖音和快手平台时，运营者要实现商品变现的第一途径就是通过视频带货将自己的商品以"种草"的方式引导用户下单。本节将介绍6个通用的电商变现技巧，教会大家如何发布优秀的带货短视频，提高电商变现的收益。

7.1.1 带货的6个基本原则

很多短视频运营者最终都会走向带货、卖货这条电商变现之路，"种草"类的带货视频能够为商品带来大量的流量和销量，同时让运营者获得丰厚的收入。下面介绍带货短视频的6个基本原则，帮助运营者快速提升视频的流量和转化率。

（1）画质清晰，亮度合适。带货短视频的画质需要保证清晰，同时背景曝光要正常，明亮度合适，不需要进行过度的美颜磨皮处理。

（2）避免关键信息被遮挡。注意字幕的摆放位置，不能遮挡人脸、品牌信息、商品细节等关键内容，如图7.1所示。

图7.1 字幕没有遮挡关键信息的视频示例

（3）音质稳定，辨识度高。运营者在给视频配音时，注意背景音乐的音量不要太大，同时确保口播带货内容的配音吐字清晰。

（4）背景画面干净、整洁。带货短视频的背景不能过于杂乱，尽量布置得干净、整洁一些，让用户看起来更舒适。

（5）画面稳定、不卡顿。在拍摄时切忌晃动设备，避免画面变得模糊不清，同时各个镜头的衔接处要流畅，场景过渡要合理。

（6）真人出镜，内容真实。对于真人出镜讲解商品的视频，平台是十分支持的，尽量不要完全使用AI配音，同时要保证商品讲解内容的真实性。

7.1.2 带货视频必备要素

与单调的文字和图片相比，视频的内容更丰富，记忆线也比较长，信息传递更直接和高效，一个优秀的带货视频能带来更好的橱窗商品销售业绩。如今，短视频、直播带货当道，用户已经没有足够的耐心去浏览商品的图文信息，因此带货视频的重要性不言而喻。那么，优秀的带货视频都有哪些通用必备要素呢？下面分别进行介绍。

（1）实物展示：包括真实货品、真实使用场景和真人试用等内容。

（2）卖点精讲：每个橱窗商品精选1～2个卖点，进行重点讲解。

（3）有吸引力的开头：可以强调用户痛点以引发共鸣，然后再利用橱窗商品解决痛点；也可以强调痒点激发用户的好奇心，然后再引出橱窗商品。

（4）功效类商品——对比展示：橱窗商品使用前后的对比效果要直观、明显。

（5）非功效类商品——细节展示：近距离拍摄实物商品的特写镜头，展示橱窗商品的细节特色，如图7.2所示。

（6）多种方式测试：展示橱窗商品的特性，让用户信服，同时还可以加深用户对商品的印象。

（7）退货保障：强调退货免费、验货满意再付款等服务，如图7.3所示，增强用户下单的信心。运营者可以结合视频的最后画面，用文字和箭头引导用户点击橱窗商品并下单。

图7.2　商品细节展示　　　　　　　　图7.3　退货免费服务

7.1.3　高效"种草"转化的视频

如果用户看完了你的"种草"视频，则说明他对该商品有一定的兴趣。而"种草"视频与图文内容相比，可以更细致、直观、立体、全方位地展示橱窗商品的卖点和优势，能够有效刺激用户下单，提高橱窗商品的转化率。下面重点介绍可以高效"种草"转化的 5 类视频。

（1）横向测评商品类：通过筛选多款商品进行横向测评，帮助用户从多角度快速了解这些商品的特点，如图 7.4 所示。

（2）制作过程展示类：运营者可以在商品的工厂或生产基地进行实拍，或者在视频中真实还原商品的制作过程，如图 7.5 所示。

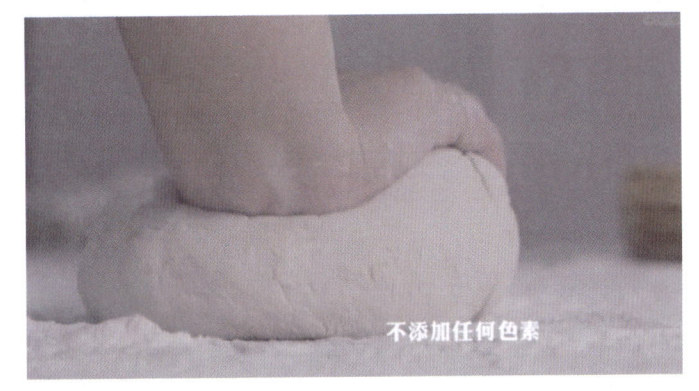

图 7.4　横向测评商品

图 7.5　制作过程展示

（3）商品深度讲解类：运营者可以从多维度专业地介绍商品的卖点、价位等信息，同时还可以分享自己的使用体验，如图 7.6 所示。

（4）使用教程攻略类：运营者可以介绍商品的购买攻略、使用技能，帮助用户掌握商品的正确使用方法，如图 7.7 所示。

（5）多元场景展示类：运营者可以拍一些 vlog（video blog，视频记录）或情景剧，将商品植入其中，同时还可以通过专业团队打造出高稀缺性、高质感的视频。

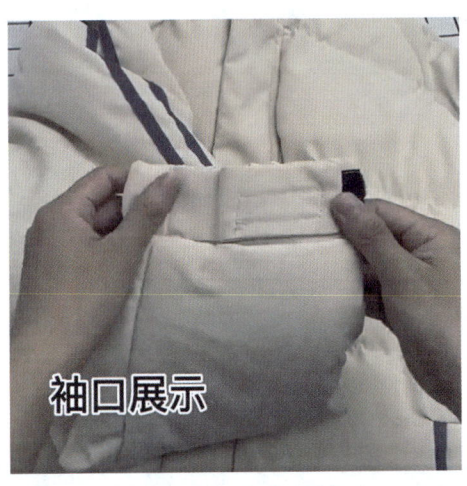

图 7.6　商品深度讲解

图 7.7　使用教程攻略

> 🠖 **专家提醒**
>
> "种草"视频可以将日常生活作为创作方向，包含但不限于这几类：穿搭美妆、生活技巧、美食教学、健康知识、家居布置、购买攻略等。

7.1.4 教程类视频制作技巧

当商品需要安装或者功能比较复杂时，此时如果只用抽象的图文或说明书展示这些操作信息，用户可能很难看懂，通常都会再次咨询运营者，这样就增加了运营者的工作量，而且部分不会操作的用户甚至会直接给出差评或投诉。

此时，运营者可以制作一些教程类的带货视频，更直观、细致地演示橱窗商品的使用方法，做到一劳永逸，提升用户的购物体验。下面重点介绍教程类带货视频的3个制作技巧。

1. 真人演示使用教程

如果橱窗商品的使用难度较大，或者功能比较复杂，如单反相机、汽车用品、化妆品等，运营者可以通过真人口播演示并进行分步骤讲解，指导用户如何使用这个商品，如图7.8所示。

图7.8 真人演示使用教程

> 🠖 **专家提醒**
>
> 真人演示使用教程的视频不仅简单明了，而且还可以直击用户痛点，能够让用户深入了解商品的相关信息，增加用户在视频播放界面的停留时间并形成"种草"效果，甚至促成交易。

2. 分享购买技巧攻略

运营者可以给商品做出一系列购买攻略。例如，运营者想帮用户挑选一款物美价廉的化妆品，则可以教用户如何选择购买地点、如何货比三家更省钱以及如何选到适合自己的化妆品。

3. 分享实用知识技能

运营者可以手把手教用户利用商品解决一些具体的问题，通过分享某种知识、技巧或技能售卖相关商品。例如，运营者在为相机带货时，可以教用户一些常用的摄影技巧，如图7.9所示。

图7.9 分享实用知识技能

7.1.5 标题设计的5个技巧

对于橱窗商品带货视频的标题来说，其作用是让用户能搜索到、能点击，最终进入商品橱窗或店铺产生成交。标题设计的目的则是获得更高的搜索排名、更好的用户体验，以及更多的免费有效点击量。

在设计带货视频的文案内容时，标题的重要性决定了视频是否有让用户点击的足够理由。切忌把所有卖点都罗列在视频标题上，标题的唯一目标是让用户直接点击。下面总结一下写好一个带货视频标题要注意的几个关键点。

- 你要写给谁看——用户定位。
- 他的需求是什么——用户痛点。
- 他的顾虑是什么——打消疑虑。
- 你想让他看什么——展示卖点。
- 你想让他做什么——吸引点击。

运营者不仅要紧抓用户需求,而且要用一个精练的文案表达公式提升标题的点击率,切忌絮絮叨叨、毫无规律地罗列与堆砌相关卖点。图 7.10 所示为带货视频标题设计的 5 个技巧。

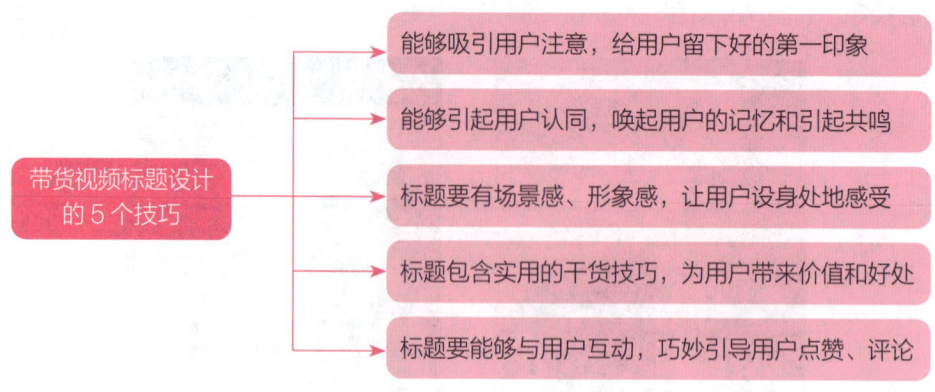

```
                    ┌─ 能够吸引用户注意,给用户留下好的第一印象
                    │
                    ├─ 能够引起用户认同,唤起用户的记忆和引起共鸣
带货视频标题设计     │
   的 5 个技巧 ─────┼─ 标题要有场景感、形象感,让用户设身处地感受
                    │
                    ├─ 标题包含实用的干货技巧,为用户带来价值和好处
                    │
                    └─ 标题要能够与用户互动,巧妙引导用户点赞、评论
```

图 7.10　带货视频标题设计的 5 个技巧

带货视频的标题文案相当重要,只有踩中用户痛点的标题才能吸引他们购买视频中的商品,如图 7.11 所示。

运营者可以多参考如小红书等平台中的同款商品视频,找到一些与自己要带货的商品的特点相匹配的文案,这样能够提升创作效率。

例如,运营者可以在带货视频的标题中添加一些"励志鸡汤"的内容元素,并且结合用户的需求或痛点从侧面凸显商品的重要性,这样的内容很容易引起有需求的精准用户产生共鸣,带货效果也非常好。

图 7.11　踩中用户痛点的标题文案

7.1.6 视频场景展示技巧

很多时候，用户打开抖音或抖音盒子等 App 时只是随意翻看，并没有很明确的购买需求，但是如果他们点开了运营者的商品橱窗，说明已经对视频中的商品产生了浓厚的兴趣。此时，运营者需要深挖这些用户的潜在购物需求，通过带货视频将他们带入具体的场景，将其转化为自己的意向客户。下面介绍带货视频场景展示的相关技巧。

1. vlog 日常类

运营者可以将带货视频拍成 vlog，从各种生活和工作场景中展示商品，如记录家庭生活、日常工作、职场趣事、探店、旅游等场景，如图 7.12 所示，或者在视频中展示试货、选货等环节，激发用户对生活的憧憬。

2. 主题小剧场类

运营者可以尝试搞笑、反转、情侣日常、职场生活和家庭矛盾等主题的小情节剧，注意不要模仿过于陈旧的剧情套路，而要学会创新和运用热点事件，增强内容的话题性。

3. 高质感稀缺视频

高质感稀缺视频通俗来讲就是物以稀为贵，运营者可以与专业视频团队合作，制作出 ins 风（Instagram 上的照片风格，色调饱和度低，整体风格多偏向复古冷调）、动漫动画、电影质感、舞台表演风等原创性极强的高质量内容，如图 7.13 所示。

图 7.12　旅行 vlog

图 7.13　ins 风视频

7.2 抖音电商：带货卖货变现

短视频电商变现和广告变现的主要区别在于：电商变现也是基于短视频进行宣传和引流的，但是还需要实实在在地将商品或服务销售出去才能获得收益；而广告变现则只需将商品曝光即可获得收益。

如今，短视频已经成了极佳的私域流量池，带货能力不可小觑。本节主要以抖音平台为例介绍短视频的电商变现渠道和相关技巧。

7.2.1 抖音小店变现

抖音小店（简称抖店）覆盖了服饰鞋包、珠宝文玩、美妆、数码家电、个护家清、母婴和智能家居等多个品类，大部分线下有实体店或者开通了网店的商家都可以注册与自己业务范围一致的抖店。

抖店包括旗舰店、专卖店、专营店、普通店等多种店铺类型。商家还可以在计算机上进入抖店官网的"首页"页面，选择手机号码注册、抖音入驻、头条入驻和火山入驻等多种入驻方式，如图 7.14 所示。

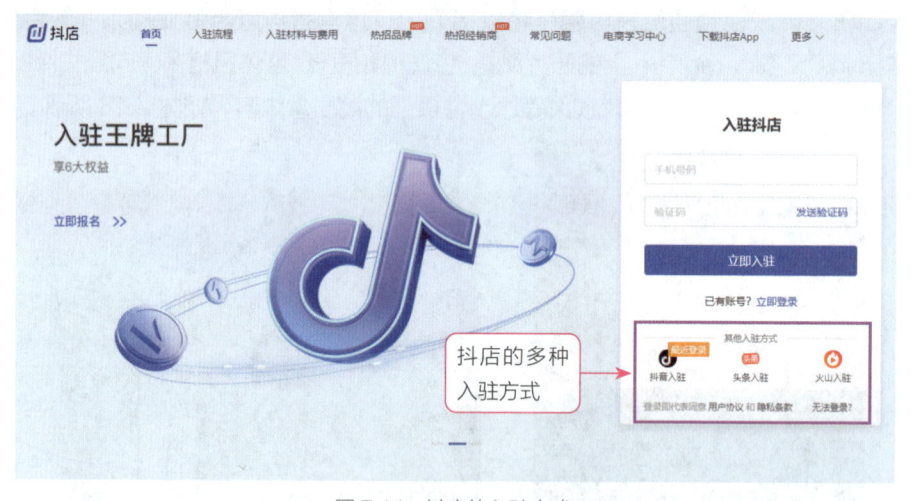

图 7.14 抖店的入驻方式

登录抖店之后，会自动跳转至"请选择主体类型"页面，如图 7.15 所示。运营者需要在该页面中根据自身需要选择合适的主体类型（即单击对应主体类型下方的"立即入驻"按钮），然后填写主体信息和店铺信息并进行资质审核和账户验证，最后缴纳保证金，即可完成抖店的入驻。

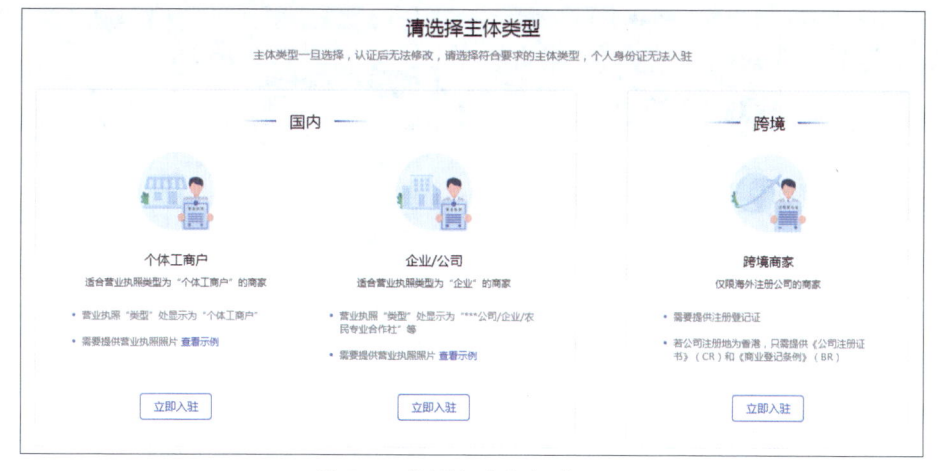

图 7.15 "请选择主体类型"页面

目前，抖音平台上的商品大部分来自抖店，因此可以将抖音看成是抖店的一个商品展示渠道，其他展示渠道还有抖音盒子、今日头条、西瓜视频等。也就是说，运营者如果想要在抖音上开店卖商品，开通抖店是一条捷径，即使是零粉丝也可以轻松入驻开店。

抖店是抖音针对短视频运营者变现推出的一个内部电商功能，通过抖音小店就无须再跳转到外链去完成商品的购买，直接在抖音内部即可实现电商闭环，让运营者们更快变现，同时也为观众带来了更好的消费体验。

7.2.2 商品橱窗变现

商品橱窗和抖店都是抖音电商平台为运营者提供的带货工具，其中的商品通常会出现在短视频和直播间的购物车列表中，是一个全新的电商消费场景，消费者可以通过它们进入商品详情页进行下单付款，让运营者实现卖货变现。

运营者可以在抖音的"商品橱窗"界面中点击"选品广场"按钮添加商品，直接进行商品销售，如图 7.16 所示。商品橱窗除了会显示在信息流中外，还会出现在个人主页中，方便粉丝查看该账号发布的所有商品。图 7.17 所示为某抖音号的推荐橱窗界面。

通过商品橱窗的管理，运营者可以将具有优势的商品放置在显眼的位置，增加观众的购买欲望，从而达到打造爆款的目的。

运营者要将商品橱窗中的商品卖出去，可以通过直播间和短视频两种渠道实现。其中，短视频不仅可以为商品引流，而且可以吸引粉丝关注，提升老顾客的复购率。因此，"种草"视频是实现橱窗商品售卖不可或缺的内容形式，运营者在做抖音运营的过程中也需要多拍摄"种草"视频。

149

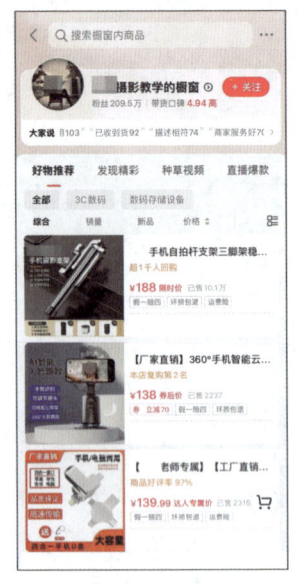

图 7.16 "商品橱窗"界面　　图 7.17 某抖音号的推荐橱窗界面

7.2.3　抖音购物车变现

抖音购物车即商品分享功能（也称为带货权限），顾名思义，就是对商品进行分享的一种功能。在抖音平台中，开通商品分享功能之后，运营者会拥有自己的商品橱窗，便可以在抖音短视频、直播间和个人主页等界面对商品进行分享。图 7.18 所示为抖音短视频中的购物车。

图 7.18　抖音短视频中的购物车

开通商品分享功能的抖音账号必须满足两个条件：一是完成实名认证并缴纳作者保证金；二是开通收款账户（用于提取佣金收入）。当两个条件都满足之后，抖音账号运营者便可以申请开通商品分享功能，成为带货达人了。

运营者开通商品分享功能之后，最直接的好处就是可以拥有个人商品橱窗，能够通过购物车分享商品赚钱。在抖音平台中，电商变现最直接的一种方式就是通过分享商品链接，为观众提供一个购买商品的渠道。对于运营者来说，无论分享的是自己店铺中的商品，还是他人店铺中的商品，只要商品卖出去了，就能赚到钱。

7.2.4 精选联盟变现

精选联盟是抖音为短视频运营者打造的 CPS（cost per sales，按商品实际销售量进行付费）变现平台，不仅拥有海量、优质的商品资源，而且还提供了交易查看、佣金结算等功能，其主要供货渠道为抖店。

运营者如果不想自己开店卖货，也可以通过精选联盟平台帮助商家推广商品赚取佣金收入，这种模式与淘宝客类似。

"精选联盟"的入口位于"商品橱窗"界面，点击"选品广场"按钮（图 7.19）。即可进入"抖音电商精选联盟"界面，在此可以筛选商品进行带货，如图 7.20 所示。

图 7.19　点击"选品广场"按钮　　图 7.20　"抖音电商精选联盟"界面

运营者可以通过淘口令或商品链接，在精选联盟平台中查找对应的商品，将商品添加到自己的商品橱窗中，然后在短视频的"发布"界面中 ❶ 选择"添加标签"选项，在弹出的面板中选择"添加团购"后，进入"添加团购"界面；❷ 在相应的团购商品右侧点击"添加"按钮（图 7.21），即可发布带货短视频。

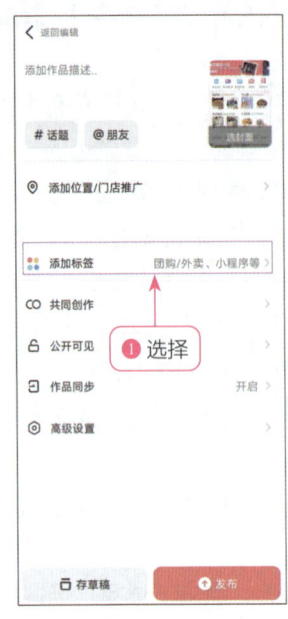

图 7.21　在发布的短视频中添加商品

7.2.5　团购带货变现

团购带货就是商家发布团购任务，运营者通过发布带位置或团购信息的相关短视频（图 7.22）吸引观众点击并购买商品，观众到店并使用团购优惠券后，运营者即可获得佣金。

图 7.22　带有团购信息的短视频

需要注意的是，团购带货售卖的商品是以券的形式发放给观众的，不会产生物流运输和派送记录，需要观众自行前往指定门店，出示团购优惠券，在线下完成消费。

想申请团购带货功能，运营者的粉丝量必须要大于或等于1000，这里要求的粉丝量指的是抖音账号的纯粉丝量，不包括绑定的第三方账号的粉丝量。满足要求的运营者进入抖音的创作者服务中心，点击"团购带货"按钮即可申请开通该功能。

团购带货功能之所以如此火爆，主要是因为运营者只需发视频就能获得收益，而商家只需发布任务就能获得客人，观众也能以优惠的价格购买到商品或享受服务，可谓是一举多得。

7.3 快手电商：带货卖货变现

7.2节具体介绍了抖音平台进行电商变现的几个方法，我们已经了解到在不同平台，官方都设置了不同的渠道进行商品销售。本节将以快手为例介绍快手平台可以通过哪几个方法进行电商变现。

7.3.1 开通快手小店

快手小店与抖店相似，都覆盖了服饰鞋包、珠宝文玩和智能家居等多个品类，大部分线下有实体店或者开通了网店的商家，都可以注册与自己业务范围一致的快手小店。

快手小店的入驻类型可以分为商家入驻和达人入驻，具体入驻流程如下。

步骤 01 登录快手App，在个人主页中点击"快手小店"按钮，如图7.23所示。

步骤 02 进入快手小店界面，点击右上角的"开店"按钮，如图7.24所示。

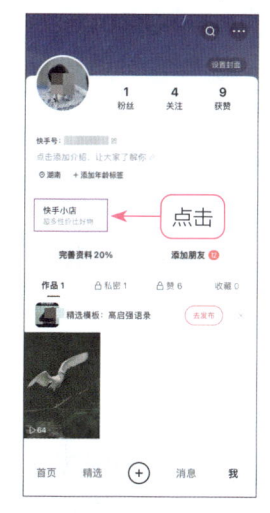

图7.23　点击"快手小店"按钮　　图7.24　点击"开店"按钮

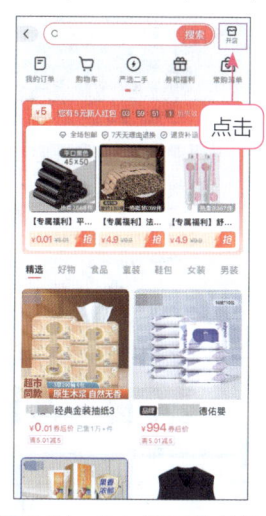

步骤 03 进入"加入快手电商"界面，会显示两种入驻类型，如图7.25所示。

步骤 04 往下滑动屏幕，会显示入驻快手小店的具体流程，如图7.26所示。

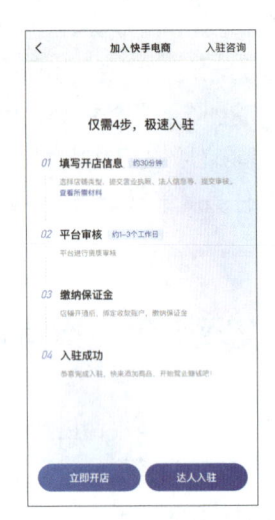

图7.25　"加入快手电商"界面　　图7.26　入驻快手小店的具体流程

运营者可以根据实际情况选择店铺类型，以个人店为例，选择"个人店入驻"选项并填写经营者信息，如姓名、证件号码（已完成实名认证的账号，系统会自动绑定身份信息，无须手动填写），平台审核后，便开店成功了。

7.3.2　了解应用工具

在快手小店个人店铺后台的常用应用区域有许多应用工具，运营者可以借助这些工具更好地经营自己的店铺，如图7.27所示。

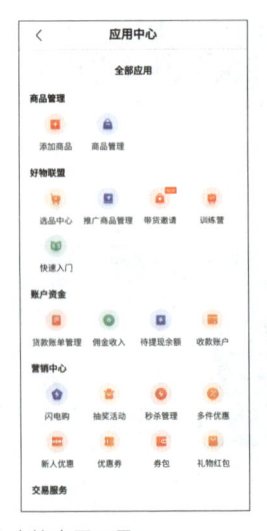

图7.27　快手小店的应用工具

在"好物联盟"选项区点击"选品中心"按钮(图7.28)即可进入"好物联盟"选品界面,运营者可以在这里选择自己想要推广的商品进行销售(需要开通好物联盟推广权限),如图7.29所示。

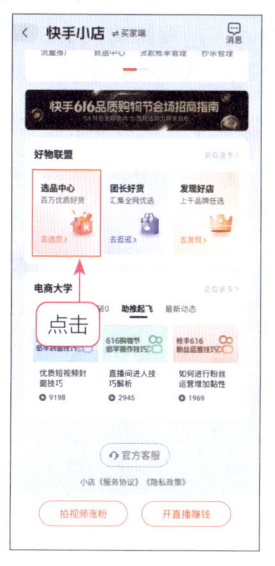

图7.28 点击"选品中心"按钮　　图7.29 "好物联盟"选品界面

在"电商大学"选项区域,运营者可以进入"电商大学"界面,运营者可以在这里学到各种店铺运营技巧,如图7.30所示。图7.31所示为"快手商家论坛"界面,运营者可以在这里看到运营快手小店的指南。图7.32所示为"规则中心"界面,运营者可以根据需要了解运营电商的相关规则。

图7.30 "电商大学"界面　　图7.31 "快手商家论坛"界面　　图7.32 "规则中心"界面

155

7.3.3 添加商品功能

商家进入快手小店后台的商品管理页面，单击"新增商品"按钮，就可以进入创建商品的流程。商家按系统要求填写信息并提交审核，商品审核通过后，会生成一个商品链接，该商品链接可以在商城、店铺、直播间、短视频等流量场景中进行展示。

电脑版快手小店的添加商品功能的具体操作如下。

步骤 01 进入"快手小店"后台，单击"新增商品"按钮，如图7.33所示。

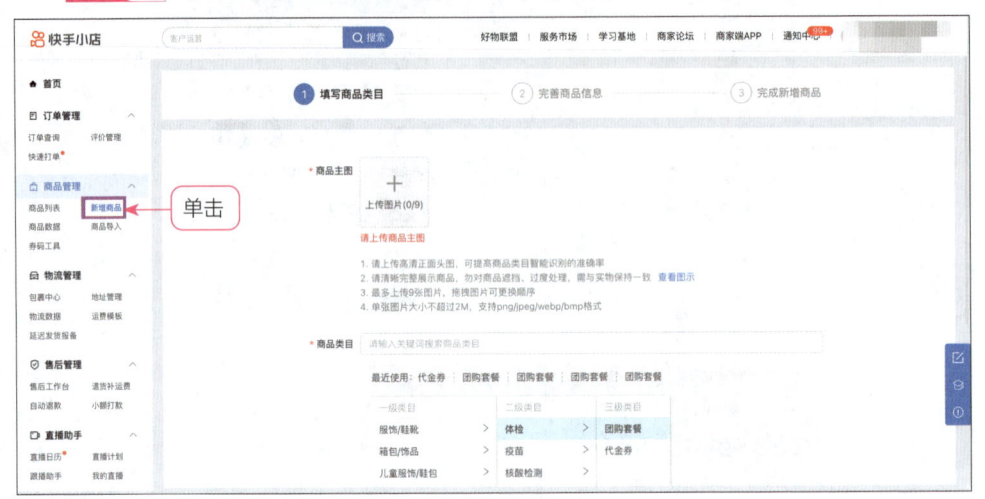

图7.33 单击"新增商品"按钮

步骤 02 进入新增商品页面，❶在右侧的板块上传商品主图；❷选择商品类目，如图7.34所示。

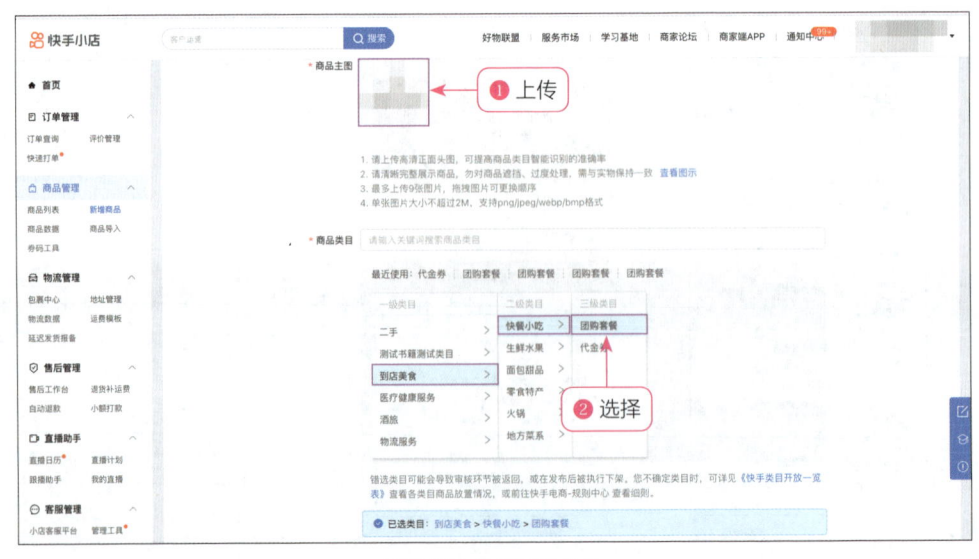

图7.34 选择商品类目

步骤 03 往下滑动页面，进入"基础信息"板块，如图7.35所示，添加商品标题与适用门店。

图7.35 "基础信息"板块

步骤 04 单击"通过门店组添加"按钮，在右侧会打开"通过门店组添加"对话框，如图7.36所示，在输入框中填写门店组名称并查询，在搜索结果中找到自己的门店并添加。

图7.36 打开"通过门店组添加"对话框

成功添加门店组后，将会在"基础信息"板块中显示门店数量，如图7.37所示，同时运营者可以在"基础信息"板块中删除不需要的门店。

图7.37　显示已添加的门店数量

步骤 05 往下滑动屏幕，进入"商品属性"选项区，如图7.38所示，选择商品品牌、账号类型以及是否多店通用，填写商品备注并选择支付方式。

图7.38　"商品属性"选项区

步骤 06 往下滑动屏幕，进入"价格库存"板块，如图 7.39 所示，填写好商品价格和库存，输入商品划线价，完成商品的添加。

图 7.39 "价格库存"板块

第8章

其他变现：打造多种盈利模式

■ 学前提示

　　除了电商变现以外，短视频平台还提供了许多其他变现方式，如销售变现、流量变现、产品变现、商业变现、实体变现等。本章主要为大家介绍这些变现方式。

■ 要点展示

　　销售变现：用买卖赚收益
　　流量变现：引导用户购买
　　产品变现：刺激购买欲望
　　商业变现：拓宽平台变现渠道
　　实体变现：吸引用户进店

8.1 销售变现：用买卖赚收益

对于短视频运营者来说，最直观有效的盈利方式当属销售商品或服务变现了。借助抖音、快手等平台销售产品或服务，只要有销量，就有收入。具体来说，用产品或服务变现主要有 5 种形式，本节将分别进行解读。

8.1.1 微商卖货变现

微信卖货和直接借助抖音平台卖货，虽然销售的载体不同，但是也有一个共同点，那就是要有可以销售的商品，最好是有自己的代表性商品。而微商卖货的重要一步就在于将抖音用户引导至微信等社交软件。

将抖音用户引导至社交软件之后，接下来，便可以通过将微店产品链接分享至朋友圈等形式对商品进行宣传，如图 8.1 所示。只要用户主动购买商品，运营者便可以此赚取收益。

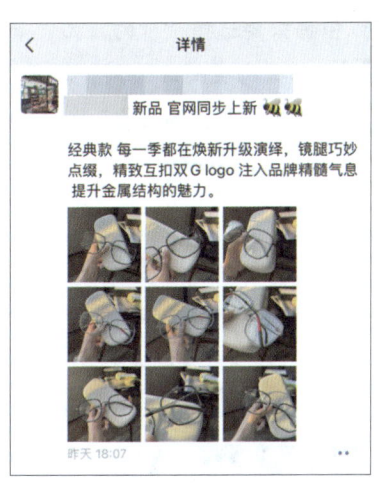

图 8.1 微信朋友圈宣传产品

8.1.2 平台佣金变现

抖音短视频平台的电商价值快速提高，其中一个很重要的原因就是随着精选联盟的推出，抖音用户即便没有自己的店铺也能通过帮他人卖货赚取佣金。也就是说，只要抖音账号开通了商品橱窗和商品分享功能，便可以通过引导销售获得收益。赚取佣金的具体操作如下。

步骤 01 进入抖音个人主页，点击"商品橱窗"按钮，如图 8.2 所示。

步骤 02 进入"商品橱窗"界面，点击"选品广场"按钮，如图 8.3 所示。

161

图 8.2 点击"商品橱窗"按钮 　　　图 8.3 点击"选品广场"按钮

步骤 03 进入"抖音电商精选联盟"界面，在这里可以看到各种类型的商品，运营者可以根据需要选择带货的商品，如图 8.4 所示。

步骤 04 以摄影类商品为例，运营者可以输入"三脚架"并搜索，再查看相关商品每单可赚取的收益，如图 8.5 所示。

图 8.4 "抖音电商精选联盟"界面　　　图 8.5 查看相关商品可赚取的收益

商品添加完成之后，抖音电商运营者在其他用户点击商品橱窗中的商品或短视频中的商品链接购买商品后，便可以按照表示的佣金获得收益了。对于获取的佣金，运营者可以通过在"团购带货"界面中点击"去提现"按钮，进入"返佣奖励"界面进行查看，如图 8.6 所示。

图 8.6　查看佣金收入

8.1.3　提供优质服务

这里的服务，指的是用户通过购买抖音账号的非实体化商品解决自己的问题。运营者想要通过抖音提供优质服务进行变现，首先需要明确自己的目标和受众，然后选择适合自己的方式，通过优质的内容和服务来吸引，提高转化率，相关技巧如图 8.7 所示。同时，也需要不断学习和提升自己的技能和创新能力，才能在抖音平台上取得更大的成功。

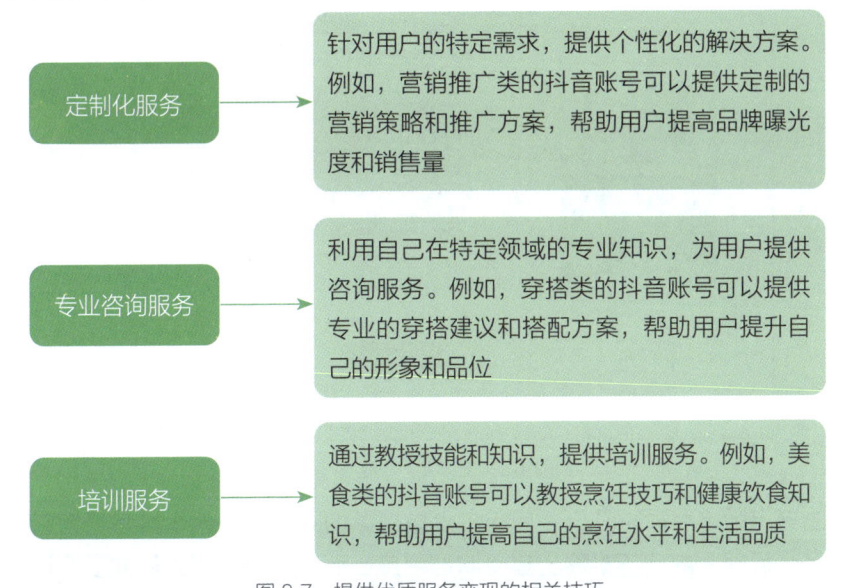

定制化服务 → 针对用户的特定需求，提供个性化的解决方案。例如，营销推广类的抖音账号可以提供定制的营销策略和推广方案，帮助用户提高品牌曝光度和销售量

专业咨询服务 → 利用自己在特定领域的专业知识，为用户提供咨询服务。例如，穿搭类的抖音账号可以提供专业的穿搭建议和搭配方案，帮助用户提升自己的形象和品位

培训服务 → 通过教授技能和知识，提供培训服务。例如，美食类的抖音账号可以教授烹饪技巧和健康饮食知识，帮助用户提高自己的烹饪水平和生活品质

图 8.7　提供优质服务变现的相关技巧

第 8 章　其他变现：打造多种盈利模式

163

8.1.4 图书版权变现

图书出版，主要是指短视频运营者在某一领域或行业经过一段时间的经营，拥有了一定的影响力或者有一定经验之后，将自己的经验进行总结，然后进行图书出版，以此获得收益的盈利模式。

短视频原创作者采用出版图书这种方式获得盈利，只要抖音短视频运营者本身有基础与实力，那么收益还是很乐观的。例如，抖音号"手机摄影构图大全"的运营者便是采取这种方式获得盈利的。该运营者通过抖音短视频、微信公众号、今日头条等平台积累了 30 多万粉丝，成功塑造了一个 IP。图 8.8 所示为"手机摄影构图大全"的抖音个人主页。

图 8.8 "手机摄影构图大全"的抖音个人主页

因为多年从事摄影工作，"手机摄影构图大全"的运营者结合个人实践与经验编写了一本手机摄影方面的图书，如图 8.9 所示。

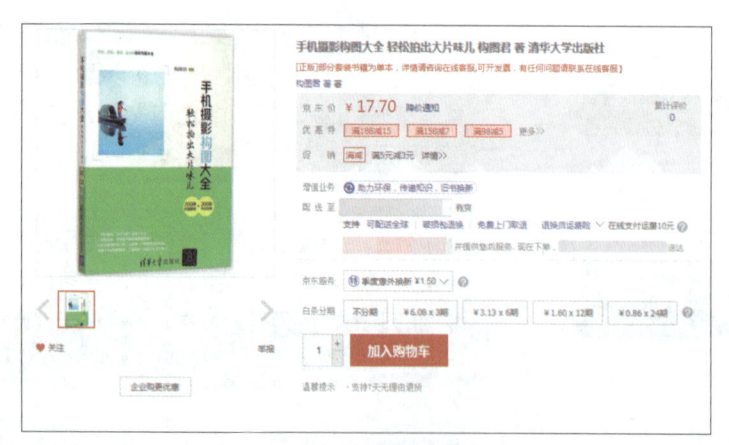

图 8.9 "手机摄影构图大全"的运营者编写的摄影书

该图书出版之后短短几天，单单"手机摄影构图大全"这个抖音号售出的图书便达到了几百册。由此不难看出其受欢迎程度。而这本书之所以如此受欢迎，除了内容对读者有吸引力之外，与"手机摄影构图大全"这个 IP 也是密不可分的，部分抖音用户就是冲着"手机摄影构图大全"这个IP来买书的。

另外,当你的图书作品火爆后,还可以通过售卖版权来变现,小说等类别的图书版权可以用来拍电影、拍电视剧或者网络剧等,这种收入相当可观。当然,这种方式比较适合那些成熟的短视频团队,如果作品拥有了较大的影响力,便可以进行版权盈利变现。

8.1.5 知识付费变现

对于部分自媒体和培训机构来说,因为自身账号是无法通过短视频平台为消费者提供实体类商品的,所以需要通过其他方式进行变现。那么,除了利用抖音平台积累粉丝,为线下实体店进行宣传以外,培训机构类的抖音账号该如何实现变现呢?

我们可以看到,只要自媒体和培训机构拥有足够多的干货内容,同样能够通过抖音短视频平台获取收益。例如,可以在抖音短视频平台上通过开设课程招收学员的方式,借助课程费用赚取收益。

通过抖音、快手等短视频平台实现知识付费变现,需要运营者精心的策划和持续的努力,相关技巧如图8.10所示。只要定位精准、提供优质内容并建立信任感,再结合这些短视频平台的特色功能和其他手段,可以实现知识付费的变现目标。

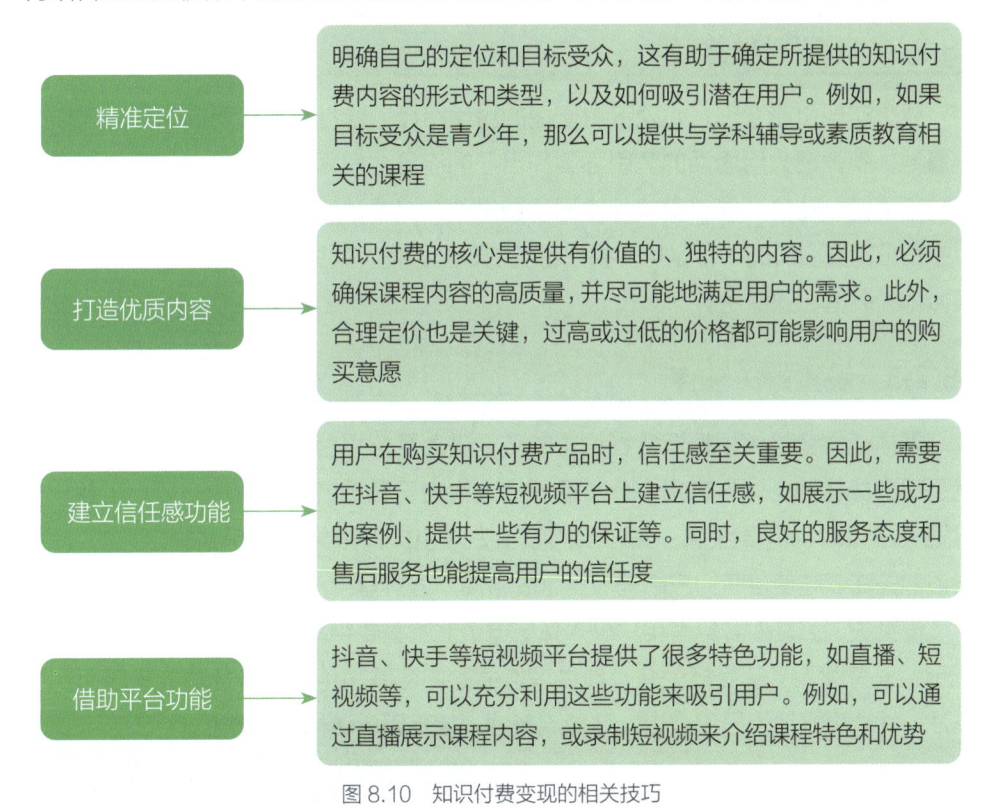

精准定位:明确自己的定位和目标受众,这有助于确定所提供的知识付费内容的形式和类型,以及如何吸引潜在用户。例如,如果目标受众是青少年,那么可以提供与学科辅导或素质教育相关的课程

打造优质内容:知识付费的核心是提供有价值的、独特的内容。因此,必须确保课程内容的高质量,并尽可能地满足用户的需求。此外,合理定价也是关键,过高或过低的价格都可能影响用户的购买意愿

建立信任感功能:用户在购买知识付费产品时,信任感至关重要。因此,需要在抖音、快手等短视频平台上建立信任感,如展示一些成功的案例、提供一些有力的保证等。同时,良好的服务态度和售后服务也能提高用户的信任度

借助平台功能:抖音、快手等短视频平台提供了很多特色功能,如直播、短视频等,可以充分利用这些功能来吸引用户。例如,可以通过直播展示课程内容,或录制短视频来介绍课程特色和优势

图8.10 知识付费变现的相关技巧

8.2 流量变现：引导用户购买

主流短视频平台是一个流量巨大的平台，而对于短视频运营者来说，将吸引过来的流量进行变现也不失为一种不错的生财之道。

流量变现的关键在于吸引用户观看你的抖音短视频，然后通过短视频内容引导用户，从而达成自身的目的。一般来说，流量变现主要有3种方式，本节将分别进行解读。

8.2.1 明确流量渠道

如果短视频运营者想要获取更多的流量，但是囿于每个渠道受欢迎的内容类型不尽相同。因此要先明确从哪些平台导入流量，再根据平台的调性生产对应的短视频内容。例如，同样的内容，今日头条的用户可能更喜欢看图文形式的，而西瓜视频的用户更喜欢看视频形式的，那么就可以根据平台用户的喜好分别打造图文形式和视频形式的内容，将打造后的内容发布到对应的平台上。

8.2.2 设置粉丝路径

要想实现引流变现，必须设置便捷的粉丝路径，让抖音用户明白怎样进入你的流量池。就像把大河里面的鱼引导到你自己的流量池里面一样，你必须要将引导路线梳理清楚，让鱼儿能够直接从大河里游进你的流量池。例如，我们可以在抖音主页中留下需要引流的平台账号。要把粉丝引导至微信，就留下微信号；要把粉丝引导至微博，就留下微博号。

8.2.3 设置好关注点

怎样让抖音粉丝根据运营者设置的路径进入目标平台呢？其中一种有效的方法就是设置关注点，让抖音用户心甘情愿地成为自己私域流量池中的一员。当然，在设置关注点时也需要注意，关注点的吸引力对引流的效果往往起到决定性的作用。设置的关注点越使抖音用户感兴趣，就越容易引导抖音用户进入私域流量池。

设置关注点是引导抖音用户进入私域流量池的重要手段之一，相关技巧如图8.11所示。只有深入了解目标受众，提供有价值的内容并利用抖音特色功能来吸引用户关注，才能更好地引导用户进入私域流量池，提高用户转化率和收益。

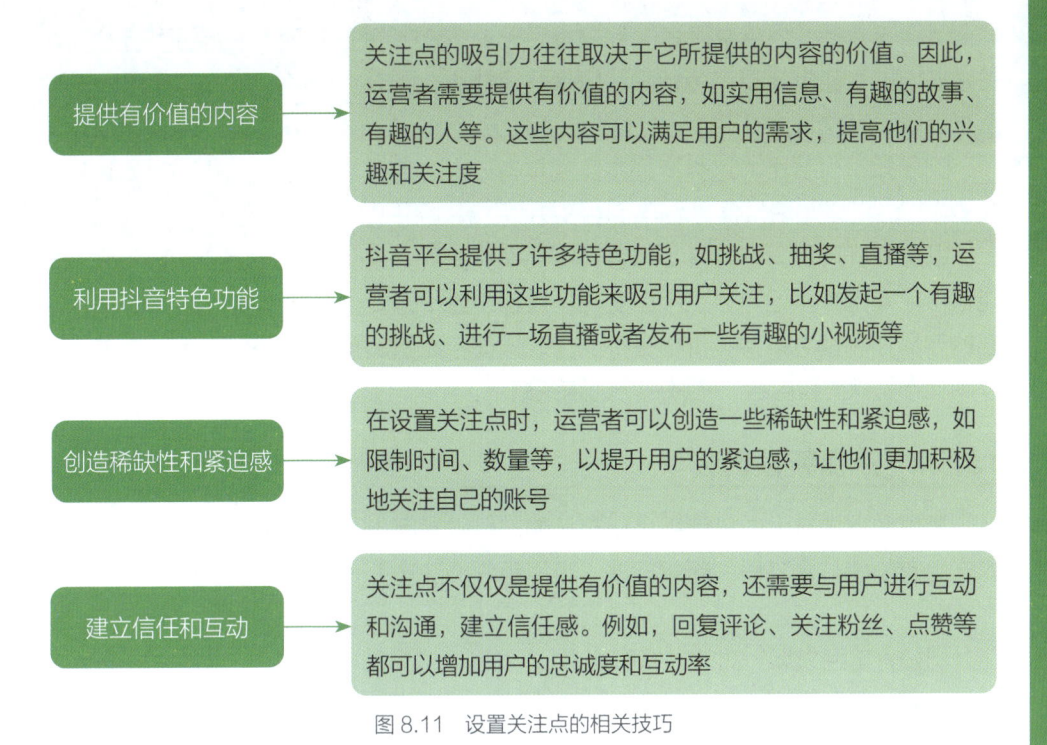

| 提供有价值的内容 | → | 关注点的吸引力往往取决于它所提供的内容的价值。因此，运营者需要提供有价值的内容，如实用信息、有趣的故事、有趣的人等。这些内容可以满足用户的需求，提高他们的兴趣和关注度 |

| 利用抖音特色功能 | → | 抖音平台提供了许多特色功能，如挑战、抽奖、直播等，运营者可以利用这些功能来吸引用户关注，比如发起一个有趣的挑战、进行一场直播或者发布一些有趣的小视频等 |

| 创造稀缺性和紧迫感 | → | 在设置关注点时，运营者可以创造一些稀缺性和紧迫感，如限制时间、数量等，以提升用户的紧迫感，让他们更加积极地关注自己的账号 |

| 建立信任和互动 | → | 关注点不仅仅是提供有价值的内容，还需要与用户进行互动和沟通，建立信任感。例如，回复评论、关注粉丝、点赞等都可以增加用户的忠诚度和互动率 |

图 8.11　设置关注点的相关技巧

8.3　产品变现：刺激购买欲望

产品变现具体是指提高用户的购买率，这需要运营者针对目标用户满足其购物需求，实现粉丝的快速增长，从而提高产品变现率。那么，应该怎样刺激抖音用户的购买欲望，实现产品变现呢？本节将对此进行具体分析。

8.3.1　增加趣味内容

不管做任何内容，都要增加一些有趣的点。因为抖音用户在刷抖音的时候，一般都是比较无聊的，这个时候，如果自己的视频内容比较有趣，自然会受抖音用户的欢迎。

哪些类型的品牌适合在抖音卖货变现呢？具体可以分为以下 4 类。

（1）服装类。在抖音上，服装很容易实现变现，只要服装在视频中的上身效果好，价格又能让人接受，就容易卖出去。

（2）景区、旅游类。抖音上有很多火爆的景区，深受抖音用户的欢迎。因为景区本身就有一定的旅游资源，再加上作为一种风景，可以直接在抖音中进行展现，所以视频拍出来之后，很容易就能吸引大量抖音用户。

（3）美食类。俗话说得好："民以食为天。"与吃相关的东西，很容易引起人们的关注。而美食通常又具有色相好、口碑好等特点。所以，许多抖音用户看到一些美食之后就垂涎欲滴，恨不得马上尝尝味道。

（4）知识付费类。这类产品本身就具有一定的专业性，再加上部分抖音用户比较爱学习，所以知识付费类的产品也容易吸引精准用户。

以上4类产品，在抖音上都容易实现卖货变现，有时候你只要拍一下产品，就能把产品卖出去。但是，在产品变现的过程中也千万要记住，不要一上来就介绍自己的产品在哪里可以买，价格是多少，这样很容易引起抖音用户的反感。运营者可以围绕产品做周边内容，刺激用户的购买欲望。

8.3.2 产品新颖玩法

要想在市场庞大的抖音平台让自己的产品脱颖而出，成为焦点，就需要让自己的产品有一些与众不同的新颖玩法，吸引用户的注意力，这样一来才能进一步销售产品。

例如，曾经火爆一时的"答案之书"，就是通过为用户的提问提供各种神奇又精准的答案，吸引了用户的好奇心，让更多的人想要体验玄学的人生解答方式，从而购买书籍，如图8.12所示。

图 8.12 产品的新颖玩法

8.3.3 展现制作过程

运营者可以在视频中展现产品的生产过程、制作过程和流通过程等。例如，用视频展现你在店里是如何卖产品的，这就是一个展现过程。当然，在展现产品的相关过程中，还需要证明产品的优势。

例如，卖编织产品的运营者可以把手工编织的制作过程通过视频展现出来，让抖音用户明白你的编织产品是纯手工制作的，如图 8.13 所示。这样，抖音用户看完视频之后，自然就会放心地购买你的编织产品了。

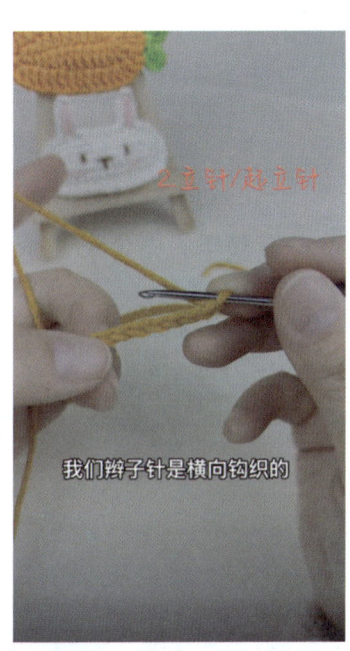

图 8.13 展现产品制作过程

因为许多人在网购时有过比较糟糕的体验，所以，对于电商销售的产品的质量都抱有一定的怀疑态度。而通过对产品制作过程的展现，就能很好地消除抖音用户的疑虑，让抖音用户能够放心地购买。

8.3.4 推荐优质产品

这类指的是抖音"种草"号，相信有不少玩抖音的朋友被"种草"号的内容吸引，而激发出了自己的需求。尤其是有很多人在评论区说"已购买"的时候，由于从众心理的作用，很多用户也会选择跟风下单。

做这类视频需要具备良好的选品眼光，需要知道哪些产品能够受人喜欢，并且是人人都用得着、买得起的。在做之前，运营者要先思考，自己要做什么品类的产品。总之，选品方向一定是越垂直越好。例如，是推荐服装类、玩具类或者生活类等。

做"种草"号，好的产品是基本。即使拍的内容再好，若选择的产品不符合用户需求，就算有再多的人看也白搭。

抖音产品的选择需要遵循 7 个原则，分别是"新""奇""特""展""利""品""高"。这里的"新"，指的是新鲜感，用户很少见；"奇"指的是有创意，让用户感到意外；"特"指的是特别，完全颠覆了用户的固有常识。

可以发现抖音上卖的大部分爆款产品，都符合"新""奇""特"原则。例如，图 8.14 所示的短视频中展示的可爱手机壳，就是在日常生活中比较少见的，让人感觉很有创意，许多抖音用户会为之心动。

图 8.14　展示可爱手机壳的视频

"展"指的是容易用视频展示产品的使用场景。这一点很重要，运营者在选择产品的时候，就要思考自己能不能把它的特点和优点展现出来，选择一个合适的场景对产品进行展示，能让用户提前感受到购买产品后的使用效果。

"利"指的是利润，运营者做"种草"号一定是追求利润最大，所以在选择产品的时候除了看这个产品的佣金，还要看这个产品的往期销量。需要注意的是，在抖音上不适合卖高客单价的产品，只要入手价格超过 60 元，销售转化率就会特别低。由于如今电商平台越来越多，只要价格一高，用户就会去别的电商平台比价。如果真的有需要，一般也是在其他平台成交，而不会选择在抖音上购买。

"品"指的是品质，这是一个好产品的及格线。挑选的产品质量一定要过关，不能以次充好。大家在挑选产品的时候，一定要先看一下评价，如果评价较差，即使佣金再高也不能卖。因为这直接影响着用户的信任感，运营者要做的是长期的生意，不能消耗抖音用户的信任。

"高"也就是高频刚需的产品。为什么宝洁公司可以屹立一百多年不倒，成为全球最大的日常消费品公司，因为飘柔、舒肤佳等品牌产品对用户来说都极其高频刚需，这些高频刚需的产品往往售价低廉，一旦产品展示中有能戳中用户的点，用户就很容易作出购买决策。

最后，总结一下两个选品技巧：一是运营者在选产品的时候一定要先参考同行数据，看他们此类产品的销量如何，然后自己就要快速跟进，做出差异化的内容；二是选择的产品一定要满足"新"奇"特"，也就是推荐的产品最好是市面上比较少见，而且让人感觉非常特别，如果是人人都能在街边买到的东西，那就失去了推荐的意义。

8.3.5 证明产品的优势

什么叫证明产品的优势？怎样证明产品的优势呢？证明优势并不是你拍一段视频，自己说这个产品的各种优点，而是让抖音用户看完你的视频之后，觉得你的产品确实好，确实值得购买。

例如，某些女装类抖音号就是让身材较好的女生穿上店铺要出售的服装，让抖音用户看到穿上后的效果，如图 8.15 所示。这样，抖音用户看到这些衣服穿上之后确实很好看，产品的优势自然就得到了证明。

图 8.15 证明产品的优势

8.3.6 测评相关产品

通过在抖音上测评相关产品并刺激购买欲望，可以实现产品的变现，相关技巧如图 8.16 所示。需要选择适合的产品、制作高质量的视频、引入产品话题、引导观众购买并提供优惠促销活动。另外，还需要提供优质的售后服务，从而获得更好的收益和口碑。

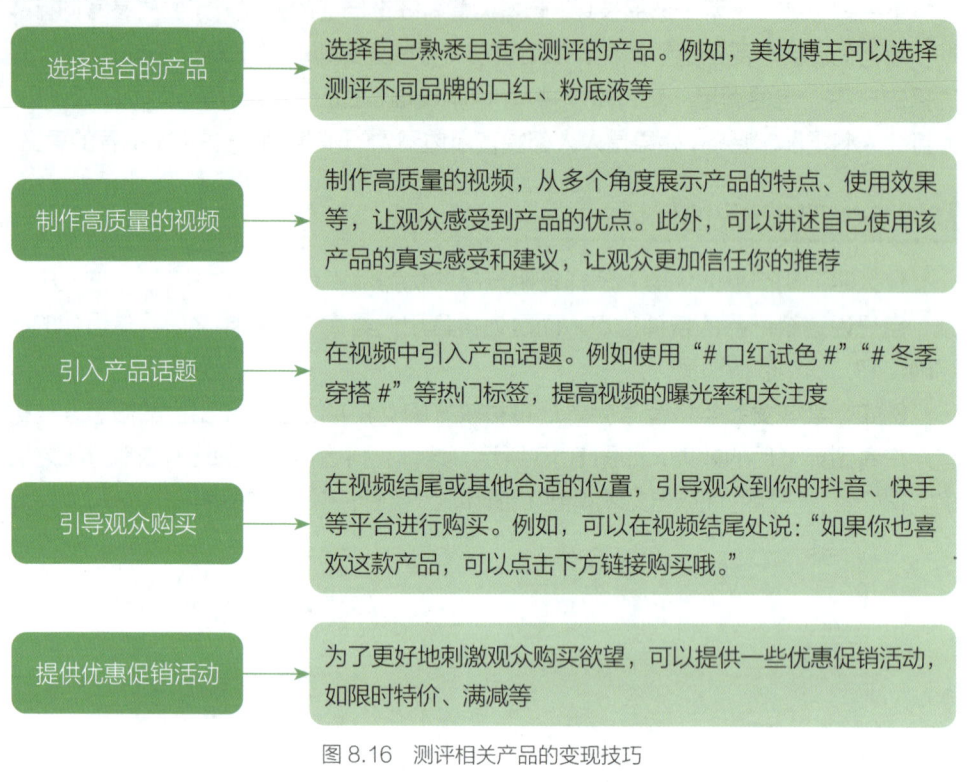

选择适合的产品	选择自己熟悉且适合测评的产品。例如，美妆博主可以选择测评不同品牌的口红、粉底液等
制作高质量的视频	制作高质量的视频，从多个角度展示产品的特点、使用效果等，让观众感受到产品的优点。此外，可以讲述自己使用该产品的真实感受和建议，让观众更加信任你的推荐
引入产品话题	在视频中引入产品话题。例如使用"#口红试色#""#冬季穿搭#"等热门标签，提高视频的曝光率和关注度
引导观众购买	在视频结尾或其他合适的位置，引导观众到你的抖音、快手等平台进行购买。例如，可以在视频结尾处说："如果你也喜欢这款产品，可以点击下方链接购买哦。"
提供优惠促销活动	为了更好地刺激观众购买欲望，可以提供一些优惠促销活动，如限时特价、满减等

图 8.16 测评相关产品的变现技巧

8.3.7 通过场景表达主题

产品不仅是短视频主题服务的对象，同时也是短视频的核心。就像在电影、电视剧中植入产品广告一样，电影和电视剧要表达的核心内容才是主题，即便是植入广告也要尽可能地和主题有所关联。

在制作抖音短视频时，需要先确定主题，然后再根据主题策划内容并将产品融入视频。因此，通过场景表达的主题应该与产品具有一定的相关性，不然产品很难融入视频。

例如，如果你要表达的主题是展示舞蹈，那么，你可以穿上店铺中销售的服装展示跳舞的场景；如果你要表达的主题是怎么做好一道美食，那么，你可以将店铺中销售的食品当作食材，用店铺中销售的厨具进行烹饪，展现制作场景。图 8.17 所示就是通过腌制场景的展示表达炸酥肉这个主题的。

图 8.17　通过场景表达主题

8.3.8　将产品融入场景

图 8.18 所示的视频就是将 DIY（do it yourself，自己动手制作）的小礼物作为道具融入各种场景。因为这种小礼物本身就比较有特色，再加上视频内容比较有趣，所以该视频很快就吸引了许多抖音用户。

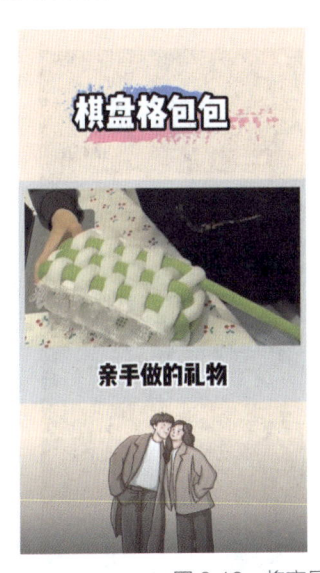

图 8.18　将产品作为道具融入场景

因此，短视频运营者将产品作为道具融入场景，可以更好地凸显产品的优势，刺激用户的购买需求。因为这种融入能够从一定程度上弱化营销痕迹，所以也不会让用户生出反感情绪。

173

8.4 商业变现：拓宽平台变现渠道

短视频平台一般会提供多种变现渠道，增加创作者的创作收入。例如，通过拓宽短视频的播放平台，结算其在其他平台的粉丝数量或浏览量等流量数据进行商业变现。本节主要以抖音平台为例，介绍商业变现的渠道和方法，让短视频的盈利变得更多样。

8.4.1 流量广告变现

流量广告是指将短视频流量通过广告手段实现现金收益的一种商业变现模式。流量广告变现的关键在于流量，而流量的关键就在于引流和提升用户黏性。在短视频平台上，流量广告变现模式是指在原生短视频内容的基础上，平台会利用算法模型精准匹配与内容相关的广告。

流量广告变现适合拥有大流量的短视频账号，这些账号不仅拥有足够多的粉丝关注，而且其发布的短视频也能够吸引大量观众观看、点赞和转发。

例如，由抖音、今日头条和西瓜视频联合推出的"中视频计划"就是一种流量广告变现模式，运营者只需在该平台上发布 1 ～ 30min 的横版视频，即可有机会获得收益，如图 8.19 所示。简单来说就是，只要视频有播放量，运营者就能赚到钱。

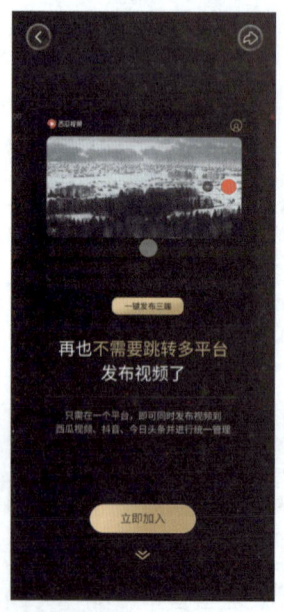

图 8.19 "中视频计划"的相关介绍和入口

"中视频计划"的入口位于抖音 App 的"抖音创作者中心"的功能列表中，运营者通过点击计划介绍界面中的"立即加入"按钮并完成西瓜视频账号和抖音账号的绑定，即可申请加入"中视频计划"。

8.4.2 星图接单变现

巨量星图是抖音为达人和品牌提供的一个内容交易平台，品牌可以通过发布任务达到营销推广的目的，达人则可以在平台上参与星图任务或承接品牌方的任务实现变现。图 8.20 所示为巨量星图的登录页面，可以看到它支持多个媒体平台。

图 8.20 巨量星图的登录页面

巨量星图为品牌方寻找合作达人提供了更精准的途径，为达人提供了稳定的变现渠道，为抖音、今日头条、西瓜视频等新媒体平台提供了富有新意的广告内容，在品牌方、达人和各个传播平台等方面都发挥了一定的作用。

（1）品牌方：品牌方在巨量星图平台上可以通过一系列榜单更快地找到符合营销目标的达人。此外，平台提供的组件功能、数据分析、审核制度和交易保障在帮助品牌方降低营销成本的同时，能够获得更好的营销效果。

（2）达人：达人可以在巨量星图平台上获得更多的优质商单机会，从而赚取更多的变现收益。此外，达人还可以签约 MCN（multi-channel network，多频道网络）机构，获得专业化的管理和规划。

（3）新媒体平台：对于抖音、今日头条、西瓜视频等各大新媒体平台来说，巨量星图可以提升平台的商业价值，规范和优化广告内容，避免低质量广告影响用户的观感，以及降低用户黏性。

巨量星图针对不同平台的达人提供了不同类型的任务，只要达人的账号达到相应平台的入驻和开通任务的条件并开通接单权限后，就可以承接该平台的任务，如图 8.21 所示。

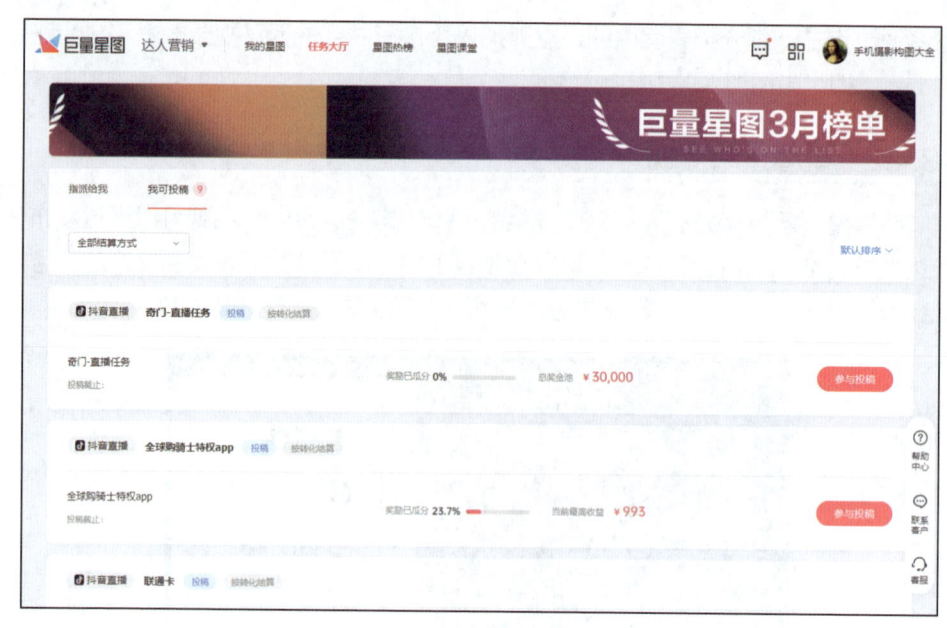

图 8.21 巨量星图平台上的任务

达人完成任务后，可以进入"我的星图"页面，在这里可以看到账号通过做任务获得的收益情况，如图 8.22 所示。需要注意的是，任务总金额和可提现金额数据默认状态下是隐藏的，达人可以通过单击右侧的 👁 按钮显示具体的金额，从而查看收益情况。

图 8.22 "我的星图"页面

> **专家提醒**
>
> 平台对未签约 MCN 机构的达人会收取 5% 的服务费。例如，达人的报价是 1000 元，任务正常完成后平台会收取 50 元的服务费，达人的可提现金额是 950 元。

8.4.3 全民任务变现

全民任务，顾名思义，是指所有抖音用户都能参与的任务。具体来说，全民任务就是广告方在抖音 App 上发布广告任务后，用户根据任务要求拍摄并发布视频，从而有机会得到现金或流量奖励。

用户可以在"全民任务"活动界面查看自己可以参加的任务，如图 8.23 所示。选择相应任务即可进入任务详情界面，查看任务的相关玩法和精选视频，如图 8.24 所示。

图 8.23 "全民任务"活动界面　　图 8.24 任务详情界面

全民任务功能的推出，为广告方、抖音平台和用户都带来了不同程度的好处。

（1）广告方：全民任务可以提高品牌的知名度，扩大品牌的影响力；而创新的广告内容和形式不仅不会让达人反感，而且还能获得达人的好感，达到营销宣传和大众口碑双赢的目的。

（2）抖音平台：全民任务不仅可以刺激平台用户的创作激情，提高用户的活跃度和黏性，还可以提升平台的商业价值，丰富平台的内容。

（3）用户：全民任务为用户提供了一种新的变现渠道，没有粉丝数量门槛，没有视频数量要求，没有拍摄技术难度，只要用户发布的视频符合任务要求，就有机会得到任务奖励。

用户参与全民任务的最大目的当然是获得任务奖励，那么，怎样才能获得任务奖励，甚至获得较高的任务奖励呢？

以拍摄任务为例，首先，用户要确保投稿的视频符合任务要求，计入任务完成次数，这样用户才算完成任务，才有机会获得任务奖励；其次，全民任务的奖励是根据投稿视频的质量、播放量和互动量进行分配的，也就是说，视频的质量、播放量和互动量越高，获得的奖励才有可能越多。成功完成任务后，为了获得更多的任务奖励，用户可以多次参与同一个任务，来增加获奖机会，提高获得较高收益的概率。

8.4.4 扶持计划变现

很多短视频平台针对优质的内容创作者推出了一系列扶持计划，大力帮助他们进行内容变现，给优质创作者带来更多福利。例如，抖音推出的"剧有引力计划"就是一种平台扶持计划，主要用于扶持优质的短剧内容。

创作者可以在抖音 App 的抖音创作者中心，点击"全部分类"按钮，进入"我的服务"界面，点击"剧有引力"按钮即可进入"剧有引力计划"活动界面，向上滑动屏幕，可以看到"立即报名"按钮，如图 8.25 所示。

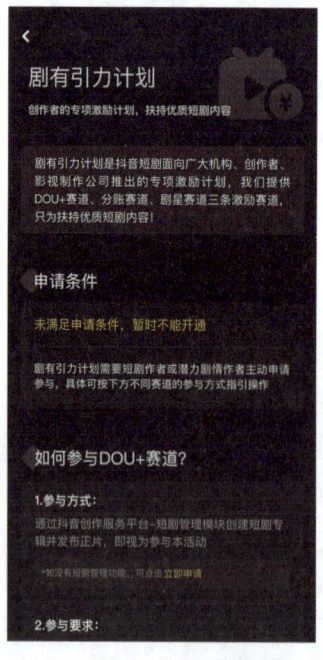

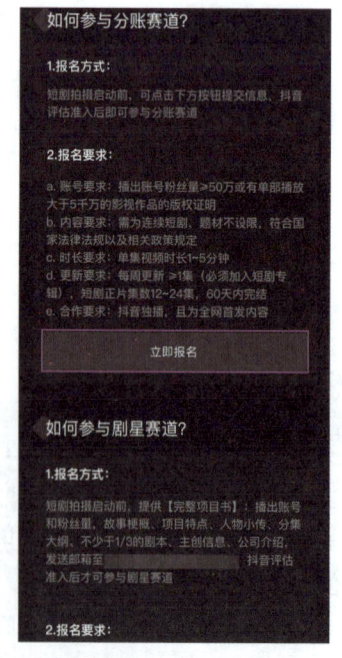

图 8.25 "剧有引力计划"活动界面

点击"立即报名"按钮即可进入"抖音短剧剧有引力计划——分账赛道短剧报名表"界面，如图 8.26 所示。创作者可以在此填写报名表中的详细信息，然后点击"提交报名"按钮即可。

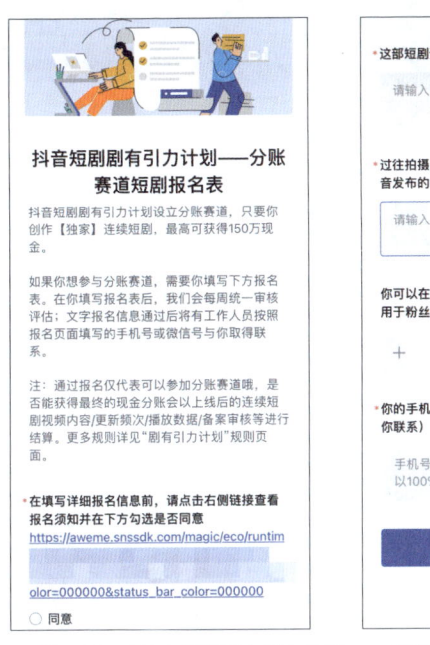

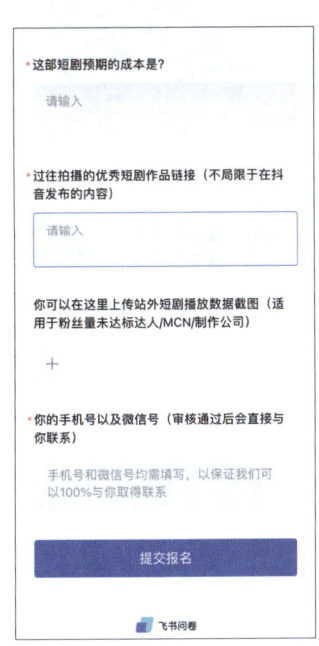

图 8.26 "抖音短剧剧有引力计划——分账赛道短剧报名表"界面

"剧有引力计划"的任务奖励包括现金分账和流量激励两种方式，但是活动门槛比全民任务的活动门槛高，不仅对内容有更高的要求，而且参与者的粉丝量和作品播放量都需要达到一定的指标。

8.4.5 流量分成变现

参与平台任务获取流量分成，这是内容营销领域较为常用的变现模式之一。例如，抖音平台推出的"站外播放激励计划"就是一种流量分成的内容变现形式，不仅为创作者提供站外展示作品的机会，而且还帮助他们增加了变现渠道，以获得更多额外收入。

"站外播放激励计划"有以下两种参与方式。

（1）进入抖音 App 的抖音创作者中心，点击"全部分类"按钮，进入"我的服务"界面，点击"站外激励"按钮，如图 8.27 所示。

（2）收到站内信或 PUSH 通知的创作者可以通过点击站内信或 PUSH 直接进入计划主界面，点击"加入站外播放激励计划"按钮申请加入，如图 8.28 所示。

创作者成功加入"站外播放激励计划"后，抖音可以将其发布至该平台的作品授权第三方平台进一步商业化使用，并向创作者支付一定的收益，从而帮助创作者进一步扩大作品的曝光量和提升创作收益。

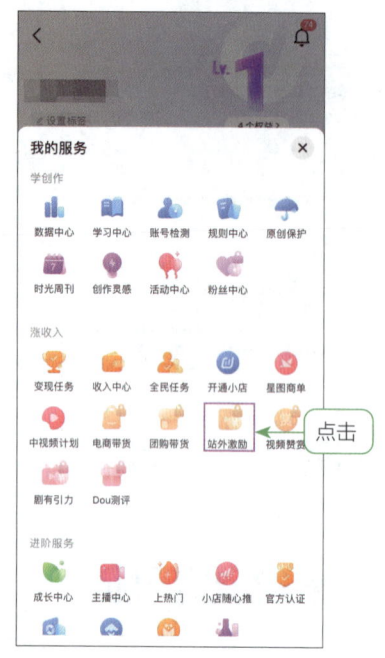

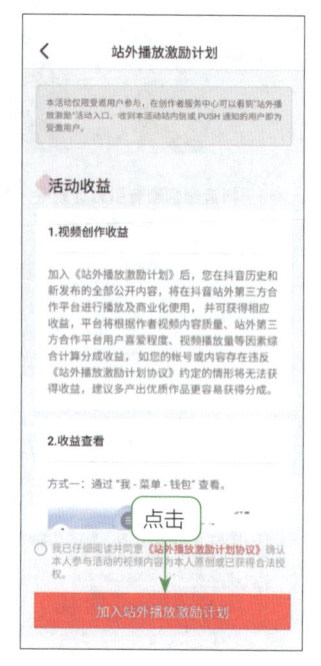

图 8.27　点击"站外激励"按钮　　　图 8.28　点击"加入站外播放激励计划"按钮

8.4.6　视频赞赏变现

在抖音平台上，创作者可以通过优质内容获得观众的赞赏，这是一种很常见的内容获利形式，在多个平台上都有它的身影。赞赏可以说是针对广告收入的一种补充，不仅可以增加创作者的收益方式，而且还能够增进与粉丝的关系。

例如，抖音平台的创作者开启"视频赞赏"功能后将会有机会获得赞赏收益。"视频赞赏"功能目前仅针对粉丝量1万以上、账号状态正常且无各类违规行为、原创度高的部分个人创作者开放。满足要求的创作者，平台会通过站内信限量邀请符合开启条件的创作者试用。

当创作者开通"视频赞赏"功能后，观众在浏览其发布的短视频时，只需长按视频后点击"赞赏视频"按钮，或者在分享面板中点击"赞赏视频"按钮，即可给创作者打赏。

8.5　实体变现：吸引用户进店

抖音是线上的平台，而部分抖音运营者也会有线下门店，需要在线下进行卖货变现。那么，实体店如何吸引抖音用户进店消费，实现高效变现呢？本节将为大家介绍 3 种方法。

8.5.1 展示店铺特色

展示店铺特色是吸引抖音用户进店消费的重要方法之一，可以通过制作优质短视频、引入热门话题、利用抖音直播、开展互动活动、提供优惠促销活动等方法来展示店铺的特色和优势，相关技巧如图 8.29 所示，吸引更多人进店消费，提高收益和品牌知名度。

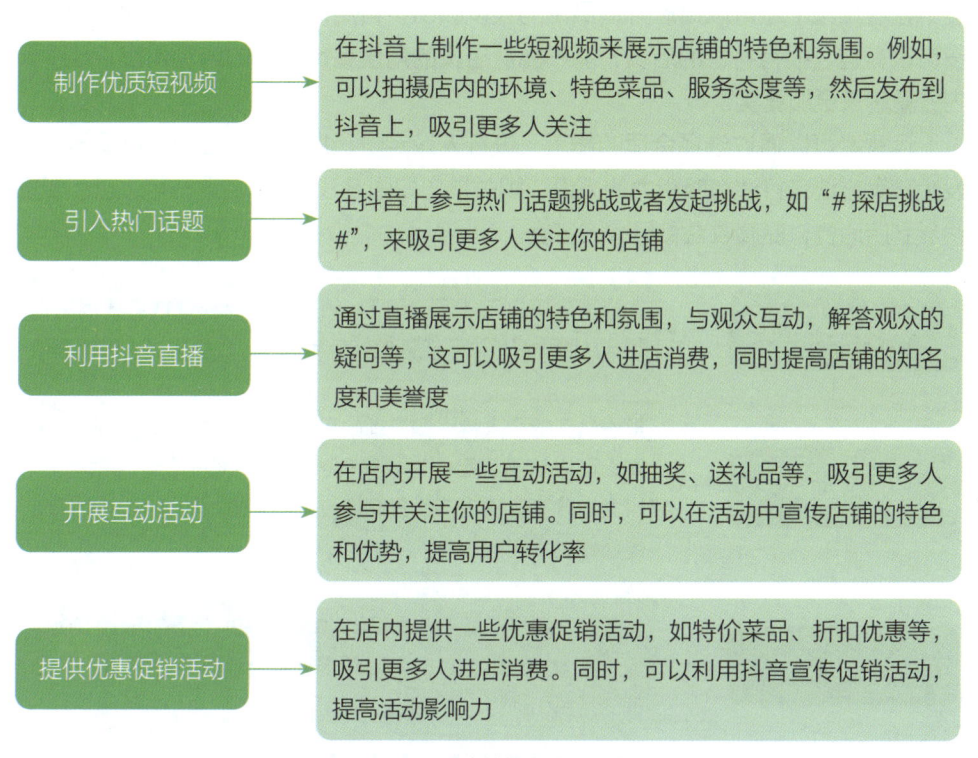

制作优质短视频	在抖音上制作一些短视频来展示店铺的特色和氛围。例如，可以拍摄店内的环境、特色菜品、服务态度等，然后发布到抖音上，吸引更多人关注
引入热门话题	在抖音上参与热门话题挑战或者发起挑战，如"#探店挑战#"，来吸引更多人关注你的店铺
利用抖音直播	通过直播展示店铺的特色和氛围，与观众互动，解答观众的疑问等，这可以吸引更多人进店消费，同时提高店铺的知名度和美誉度
开展互动活动	在店内开展一些互动活动，如抽奖、送礼品等，吸引更多人参与并关注你的店铺。同时，可以在活动中宣传店铺的特色和优势，提高用户转化率
提供优惠促销活动	在店内提供一些优惠促销活动，如特价菜品、折扣优惠等，吸引更多人进店消费。同时，可以利用抖音宣传促销活动，提高活动影响力

图 8.29 展示店铺特色的相关技巧

当然，古风店铺包含其自身的特色在里面，很多实体店没有办法模仿。但是，我们可以通过一些具有广泛适用性的活动展示店铺特色。例如，可以在店铺门口开展跳远打折活动，为店铺进行造势。

现在实体店最重要的其实已不再是产品了，因为短视频用户想买产品，可以直接选择网购。那么，实体店如何吸引抖音用户进店消费呢？其中，一种方法就是让抖音用户对运营者的实体店铺有需求。

网购虽然方便，但是在许多人看来也是比较无聊的，因为它只是让人完成了购买行为，却不能让人在购物的过程中获得新奇的体验。如果运营者的实体店铺不仅能买到产品，还有一些让短视频用户感兴趣的活动，那么，短视频用户自然愿意去运营者的实体店铺中打卡。

有的店铺会组织一些特色活动，如让顾客和老板或者店员猜拳、组织对唱或者跳舞等。我们可以将特色活动拍成视频上传至短视频平台中，从而展示店铺特色。这些活动在部分短视频用户看来是比较有趣的，所以，他们在看到之后，就会对该实体店铺心生向往。

8.5.2 打造员工人设

在短视频中还可以通过打造员工的人设吸引抖音用户前来打卡。你的店铺中有没有很有趣、很有特色的店员？能不能从店员的角度看待店铺的经营情况，让视频内容看起来更加真实？

运营者可以通过选择合适的员工、进行人设定位、提供员工培训、打造员工人设矩阵等方法来打造有吸引力的人设，相关技巧如图 8.30 所示。这样可以吸引更多粉丝到店消费，提高收益和品牌知名度。

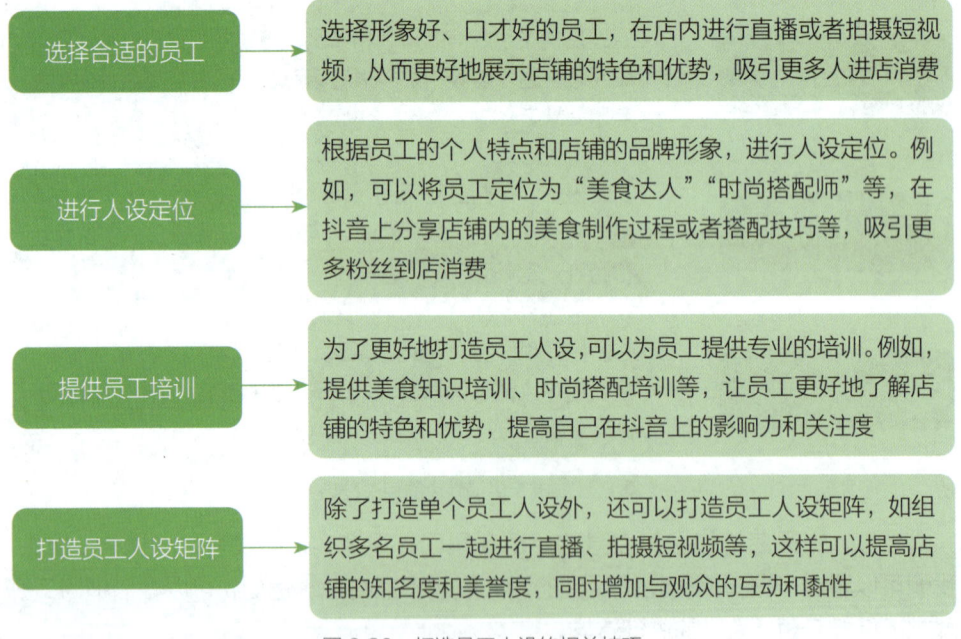

选择合适的员工	选择形象好、口才好的员工，在店内进行直播或者拍摄短视频，从而更好地展示店铺的特色和优势，吸引更多人进店消费
进行人设定位	根据员工的个人特点和店铺的品牌形象，进行人设定位。例如，可以将员工定位为"美食达人""时尚搭配师"等，在抖音上分享店铺内的美食制作过程或者搭配技巧等，吸引更多粉丝到店消费
提供员工培训	为了更好地打造员工人设，可以为员工提供专业的培训。例如，提供美食知识培训、时尚搭配培训等，让员工更好地了解店铺的特色和优势，提高自己在抖音上的影响力和关注度
打造员工人设矩阵	除了打造单个员工人设外，还可以打造员工人设矩阵，如组织多名员工一起进行直播、拍摄短视频等，这样可以提高店铺的知名度和美誉度，同时增加与观众的互动和黏性

图 8.30 打造员工人设的相关技巧

当然，有的店铺中的店员看上去并没有什么特别的地方。那就可以在了解员工的基础上，对员工的独特之处进行挖掘和呈现。如果觉得这种挖掘不好做，还可以直接招聘一些比较有才的店员。

8.5.3 众口皆碑效应

店铺中的人员比较有限，所能达到的宣传效果也比较有限。而且抖音用户可能会觉得店铺的相关人员拍摄的视频不是很客观。那么，我们能不能让进入店铺中的顾客拍摄短视频，让顾客帮忙进行宣传呢？

图 8.31 所示就是"茶颜悦色""墨茉点心局"借助其他顾客的抖音账号，让网红帮忙进行宣传的视频。

图 8.31　让顾客帮忙宣传

让顾客帮忙宣传这种营销方式，无论是对顾客还是对店铺都有益处。对顾客来说，可以丰富自身拍摄的内容。如果拍摄的视频上了热门，还可以获得一定的粉丝量。而对于店铺来说，很多抖音用户都会参照顾客拍摄的视频，对店铺评价高的顾客越多，店铺的生意就会越好。这和网购是一个道理，如果店铺的好评度高，自然能吸引更多人前来购买。

其实，很多实体店铺能够成为网红店铺，都是因为顾客的宣传为店铺塑造了良好的口碑。如果每个进店的顾客都能拍一条短视频，那么，即便一条视频只能带来5个顾客，实体店铺也能持续不断地获得大量的客流。这样，你还用担心实体店铺做不起来吗？

第 9 章

直播技巧：让直播间人气爆棚的技巧

■ 学前提示

　　直播带货已经占据短视频平台的很大一块流量池，要想打造爆火的直播间，成功提高商品销量，就需要运营者对直播内容提前进行策划，了解相关直播技巧。本章主要对主播需要事先准备的直播内容进行介绍。

■ 要点展示

　　了解策划思路
　　安排互动环节

9.1 了解策划思路

内容策划是直播中较为重要的一个环节，从其作用来看，优秀的内容具备强烈的感染力，能够给直播带来巨大的流量。在信息繁杂的网络时代，并不是所有的内容策划都能够获得成功，尤其是对于缺乏技巧的策划而言，要想获得成功并不是一件轻而易举的事情。

从内容策划的角度出发，内容的感染力主要来源于 4 个方面，而我们写直播内容时，就需要重点考虑这 4 个方面。本节将对内容策划的相关问题一一进行解读。

9.1.1 确保准确和规范

随着互联网技术的快速发展，每天更新的信息量都是十分惊人的。"信息爆炸"的说法主要就是来源于信息的增长速度，庞大的原始信息量和更新的网络信息量以新闻、娱乐和广告信息为传播媒介作用于每一个人。

对于主播而言，要想让内容被大众认可并在庞大的信息量中脱颖而出，首先需要做到的就是准确性和规范性。这两点做不到对直播的运营会产生不好的影响，甚至会被直播平台限流。

在实际的应用中，准确性和规范性是任何内容写作都会有的基本要求，具体的内容策划要求如图 9.1 所示。

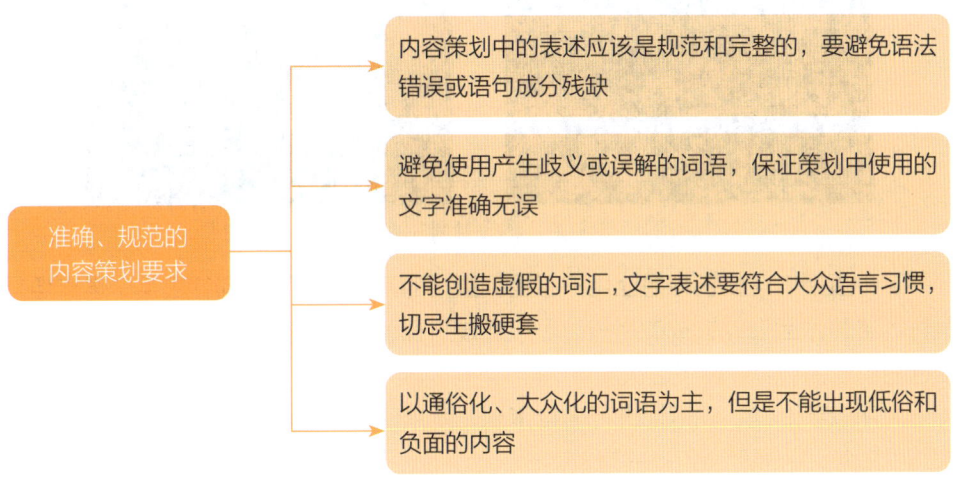

准确、规范的内容策划要求：
- 内容策划中的表述应该是规范和完整的，要避免语法错误或语句成分残缺
- 避免使用产生歧义或误解的词语，保证策划中使用的文字准确无误
- 不能创造虚假的词汇，文字表述要符合大众语言习惯，切忌生搬硬套
- 以通俗化、大众化的词语为主，但是不能出现低俗和负面的内容

图 9.1 准确、规范的内容策划要求

直播是向用户展示各种内容的呈现形式，尽管其是通过虚拟的网络连接了主播和用户，然而从内容上来说，真实性仍然是其本质要求。

当然，这里的真实性是一种建立在发挥了一定创意的基础上的真实。直播内容

185

要注意真实性的要求，表现在真实的信息和真实的情感这两方面，也只有做到这两个方面，才能吸引和打动用户。

作为直播内容必要的特质，真实性在很多直播中都体现了出来，在此以一个背包客独自去新疆旅行为例进行介绍。这种直播不需要太多花里胡哨的内容，只要把沿途的风景和经历记录下来即可，如图9.2所示。

图9.2　直播旅途的行进历程

这种直播内容就很容易让用户感受到直播的真实性，那些向往去某个景点但是又因为各种原因没能去成的用户，可以通过直播这一形式与主播产生共鸣，就好像自己也同主播一起经历了这次旅行一样。

之所以要准确、规范地进行内容策划，就是因为准确和规范的内容信息更能够被用户理解，从而促进直播的有效传播。

9.1.2　满足用户需求

热点之所以能成为热点，就是因为有很多人关注，把它给"炒热"了。而一旦某个内容成为热点，许多人便会对其多一份兴趣。因此，在主播进行内容策划的过程中，如果能够围绕热点打造内容，便能更好地起到吸引直播用户的目的。

例如，主播可以根据某些网友们平时讨论比较多的热点话题打造文案。直播用户对这类内容比较感兴趣，所以紧扣热点的内容策划能增加直播间的点击量，获得更多用户的点赞和评论。

还有熬夜这类持续时间比较长的热门话题，也是很多网友们喜欢调侃自己或者他人的热点，主播根据这类话题进行策划，然后搭配偏向于调侃的内容会容易吸引更多直播用户。

为什么许多人都喜欢看新闻？这并不一定是因为看新闻非常有趣，而是因为大家能够从新闻中获取时事信息。基于这一点，主播在制作内容的过程中，可以适当地加入一些网络热点资讯，让内容能够满足用户获取时事信息的需求，这样就能增加直播的人均观看时长。

能收获这样的效果主要是因为有一部分人在浏览网页、手机上的各种新闻和文章的时候，抱有通过浏览的内容学到一些有价值的东西，从而扩充自己的知识面的目的。因此，主播在制作内容的时候，就可以将这一因素考虑进去，让自己制作的直播内容给用户一种能够满足学习心理需求的感觉。

能满足用户学习心理的直播，在标题上就可以看出内容蕴藏的价值。用户在浏览内容的时候并不是没有目的性的，他们在刷直播的时候往往是想要获得点什么。而这一类"学习型"直播就很好地考虑到了用户的需求，如图9.3所示。

图9.3 满足用户学习心理的直播内容

这样一来，内容策划里面就体现出了这场直播的学习价值。当用户看到的时候，就会抱着"能够学到一定知识或是技巧"的心态点击并查看直播内容。这对用户和主播来说是双赢。

9.1.3 实现精准定位

精准定位同样属于内容策划的基本要求之一，每一个成功的内容策划都具备这一特点。精准定位即了解自己的目标用户，根据目标用户人群的属性打造精准的内容策划，有利于用户更快地接受直播内容，以达到想要的效果。

直播的快速发展使各种"直播+"模式不断出现。"直播+"的直播模式就是指将直播与公益、电商、农业、音乐、电竞和教育等领域相结合，如此细化的市场和深入垂直的领域，可以共同推动直播平台向更深产业端渗透。

细化的直播内容既能保证平台内容的及时更新，又能提升产品的品质，同时还可以增强平台与用户之间的黏性，赢得用户的信任，获得更忠实的用户支持，从而为平台的发展和之后产品的销售做好铺垫。

各大行业在"直播+"的模式下，也能获得更多新的经济增长点，与直播平台实现共赢。这种多样化的发展，使平台突破原有的直播流量红利消失的瓶颈，也让各大行业通过直播获得了新的销售传播途径，进一步释放行业的价值。

面对互联网不断更迭的现象和不断增长且细化的用户需求，直播平台需要细化自身的市场定位。只有对市场需求精准地挖掘，才能使直播取得更佳的效果。图9.4所示为"直播+"模式的概要。

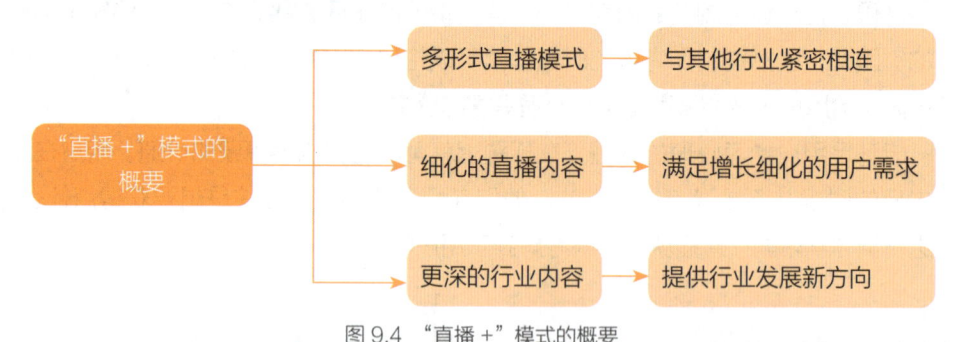

图9.4 "直播+"模式的概要

在这样一个"全民直播"的时代，人们对网络上的传统直播模式习以为常，而"直播+"的模式将直播与其他行业紧密相连，从而为自身的发展提供了新的选择和方向。

▶ 专家提醒

单一的直播模式在大众的心中已失去了新鲜感，而"直播+"模式将直播形式对准更深的行业领域并成为该行业的传播途径，既能满足用户对直播的不同需求，又能让自身获得更好的发展。

例如，游戏直播在直播中侧重相关游戏以及其衍生品的销售。热门的游戏直播平台包括斗鱼直播、虎牙直播等，这些平台除了支持用户给主播打赏之外，还提供了一些游戏的相关产品，如游戏客户端、游戏礼包、虚拟道具以及人物相关的模型等游戏周边。图9.5所示为游戏直播模式的解释。

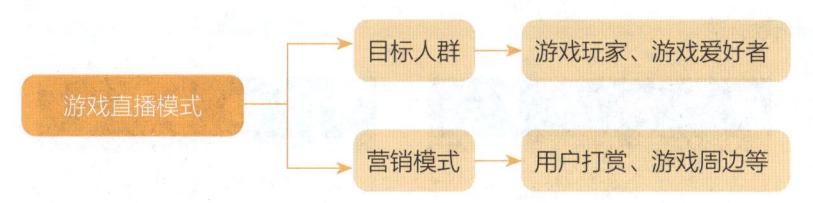

```
游戏直播模式 ──┬── 目标人群 ── 游戏玩家、游戏爱好者
              └── 营销模式 ── 用户打赏、游戏周边等
```

图9.5　游戏直播模式的解释

直播是用来展示给用户观看的，我们在选取直播市场定位的时候，不仅要考虑其专业性，还应该考虑用户的喜好。一般来说，用户喜欢看的或者感兴趣的信息主要包括3类，具体如图9.6所示。

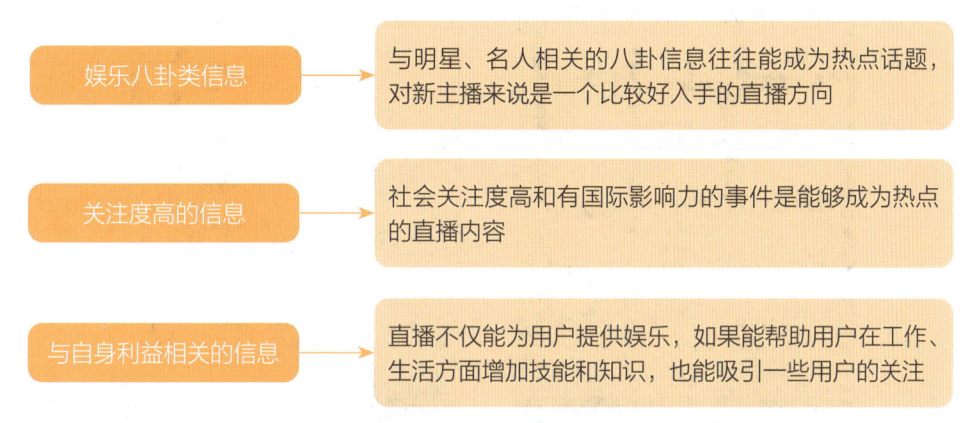

娱乐八卦类信息	与明星、名人相关的八卦信息往往能成为热点话题，对新主播来说是一个比较好入手的直播方向
关注度高的信息	社会关注度高和有国际影响力的事件是能够成为热点的直播内容
与自身利益相关的信息	直播不仅能为用户提供娱乐，如果能帮助用户在工作、生活方面增加技能和知识，也能吸引一些用户的关注

图9.6　用户感兴趣的信息类型

从图9.6中的3类用户感兴趣的信息出发策划直播内容，不仅为吸引用户注意力奠定了基础，而且为直播增加了成功的概率。

就目前直播的发展而言，个人秀场是一些新人主播和直播平台最初的选择，也是最快和最容易实现的直播选择。那么，在这样的直播时代环境中，平台和主播应该怎样发展和达到其直播内容的专业性要求呢？关于这一问题，可以从以下两个角度考虑。

（1）基于直播平台专业的内容安排和主播本身的专业素养，直播主播自己擅长的内容。

（2）基于用户的兴趣，从专业性的角度对直播内容进行转换，直播用户喜欢的专业性内容。

主播在选择直播的内容方向时，可以基于现有的平台内容和用户延伸发展，创作用户喜欢的直播内容。

除此之外，还可以把用户的兴趣爱好考虑进去。例如，女性用户一般会对一些美妆、美食类内容感兴趣，而男性用户往往会对球类、游戏感兴趣，基于这一考虑，直播平台上关于这些方面的直播内容往往就比较多，并且这些内容的观看人数也会很多，如图9.7所示。

图9.7 与用户兴趣爱好相符的直播内容会有更多的观看人数

　　在直播中，用户总会表现出倾向某一方面喜好的特点，那么主播就可以从这一点出发，找出具有相关性或相似性的主题内容，这样就能在吸引平台用户注意的同时，增加用户黏性。

　　例如，一些用户喜欢欣赏手工艺品，那么，这些用户就极有可能对怎样做那些好看的手工艺品感兴趣，因此主播可以考虑推出这方面的直播内容，实现在直播平台上用户的转移。

　　而与手工相关的内容又比较多，主播既可以介绍手工的基础知识和历史，又可以讲解制作过程，还可以从手工制作领域的某一个点出发进行直播。图9.8所示为教用户如何制作手工艺品的直播。

　　另外，主播也可以在直播内容中明确地指出目标用户是什么人群，这样能够快速吸引大量对这类内容感兴趣的用户的目光，获得他们的喜欢。这种内容策划的方法虽然简单，但是定位精准，对于直播间来说是非常加分的。

　　一般来说，主播在直播初期就会确定自己的目标用户，然后会根据目标用户的特征属性策划内容。那么主播如何精准地表达内容呢？可以从4个方面入手，如图9.9所示。

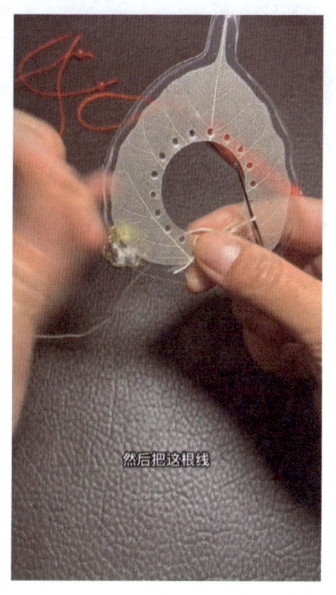

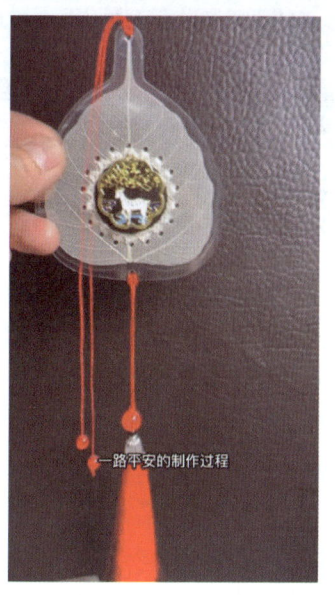

图9.8 教用户如何制作手工艺品的直播

图9.9 精准内容定位的相关分析

精准内容定位的相关分析：
- 简单明了，以尽可能少的文字表达出产品精髓，保证信息传播的有效性
- 尽可能地打造精练的内容策划，用于吸引受众的注意力，方便用户迅速记忆相关内容
- 在语句上使用简短文字的形式，更好地表达文字内容，防止用户在阅读上产生反感情绪
- 从受众出发，对用户的需求进行换位思考并将有针对性的内容直接表现在文案中

另外，主播在进行直播带货前，首先要学会对商品进行基本情况分析，确保商品的质量并了解商品的用户群体，才可以进行下一步行动。这样可以保证主播在后续的销售工作中能够获得经济收入。除此之外，只有找到自己的用户，才可以对他们进行系统、详细的分析。

> **专家提醒**
>
> 只有有针对性地对用户群体进行产品的介绍、推销工作或者介绍用户感兴趣的直播内容，才能切中用户的需求，让用户产生购买行为，从而达到提高商品成交率的目的。

不同的消费者有着不同的信息关注点，进入直播间的观众，其性别、年龄和需求都可能存在不同之处，他们对于商品的关注重心自然也会不一样。同样一件商品，对于年轻女性来说，可能会看重它的美观性和精致感；而对于年龄较大的女性来说，会更关注商品的实用性。你要记住的是，只有在你精准定位的基础上进行发挥，挽留住你的固定客户，才能达到事半功倍的效果。

9.1.4 表达形象生动

形象生动的内容表达非常容易营造出画面感，从而加深用户的第一印象，让用户看一眼就能记住文案内容。

对于直播内容而言，每一个优秀的策划在最初都只是一张白纸，需要主播不断地添加内容，才能够最终成形。要想更有效地完成任务，就需要对相关的工作内容有一个完整的认识。而一则生动形象的内容策划就可以通过独具特色的表达，在吸引用户关注、快速让用户接收文案内容的同时激发用户对文案中内容的兴趣，从而使用户观看、点赞、评论和转发。

另外，有些人点开平台上各种各样的直播都是出于无聊、消磨闲暇时光和给自己找点娱乐的目的。因此，那些以传播搞笑、幽默内容为目的的幽默型直播比较容易满足用户的消遣心理需求。

主播在进行内容策划的时候，可以从标题上就能让用户感觉到趣味性和幽默性。一般这样的标题都带有一定的搞笑成分，或者是轻松娱乐的成分。只有这样的直播内容策划，才会让用户看完后心情变好。

9.2 安排互动环节

直播是一种动态的视听过程，主播可以在直播中展示商品的做工细节，帮助用户更好地了解商品，而用户在直播中获得了自己想知道的信息，也大大增强了参与感，已经不能和单纯地观看直播相提并论，这也促使直播的业绩不断提升。

而在直播的过程中，如果只是主播一直在介绍商品，那么用户肯定会觉得枯燥无味，从而离开直播间，甚至会取消对主播的关注。此时，主播就应该发挥直播平台本身的交互优势，及时与用户互动，如在展示商品的同时与用户进行交流沟通，及时回应用户提出的问题。下面为大家介绍几种直播互动方式。

9.2.1 设置抽奖目标

在直播的过程中，用户的关注度会相对较高，直播的画面也更为形象、生动，而且在直播间内，不会受到其他同类商品的影响。因此，直播带货中的商品转化率比传统的电商购买转化率更高，这也是直播带货流行的原因之一。那么，在众多直播间中，如何成为高转化率的直播间呢？

这里为大家分享一个小技巧：主播在开播前设置一个目标并告知直播间的观众，在直播过程中如果目标达到了，就进行抽奖。这样一来可以让已经在直播间的观众心中有期待，就会一直关注直播间，等待抽奖，而等待之余还可以浏览直播间的商品，一举两得；二来抽奖这类活动总能吸引一批用户前来观看直播。

例如，主播设置直播间观看人数达到1万就抽奖，对于用户来说，如果你是满足数字的最后一个人，就算你对直播间的商品没有兴趣，要是知道下一秒就是免费抽奖活动，你愿不愿意再为它驻足一秒呢？

所以，一场好的直播并不是一时兴起。在开播前累积人气，举办一个小活动，能让这场直播达到事半功倍的效果。

9.2.2 设置评论抽奖

大部分用户进入直播间，就表明他在一定程度上是对商品有需求的，即使当时的购买欲望不强烈，但是主播完全可以通过抓住用户的痛点，来刺激用户的购买欲望。

不过，有了想要购买的欲望是远远不够的，对于用户来说，购买一件商品的关键性因素是什么？是刺激消费的动力。试想一下，如果你拥有100元，但是你舍不得买这件商品，怎么办？是就此放弃，还是再观望一下？就在这时，你突然看到评论抽奖的动态，你会不会点开它？答案是会的。在你踌躇不定的时候，给你一条新的道路你会毫不犹豫地选择它。

而评论抽奖活动就是有效解决用户消费痛点的办法，它不仅可以提高用户下单的概率，增加直播间的互动率，而且可以提升直播用户的关注度，让他们对直播间一直抱有期待，从而提高直播间的人均观看时长。

▶ **专家提醒**

> 找准用户的痛点并从痛点切入，用户就会主动采取能够解决自身痛点的办法，而此时很可能就会通过向主播寻求帮助解决痛点问题。主播可以通过抽奖活动解决用户的痛点，让他们持续关注这个直播间并产生一种一定要拥有这件商品的想法，这样才能维持直播间的人气。图9.10所示为消费者人群特征和消费者行为分析。

第9章 直播技巧：让直播间人气爆棚的技巧

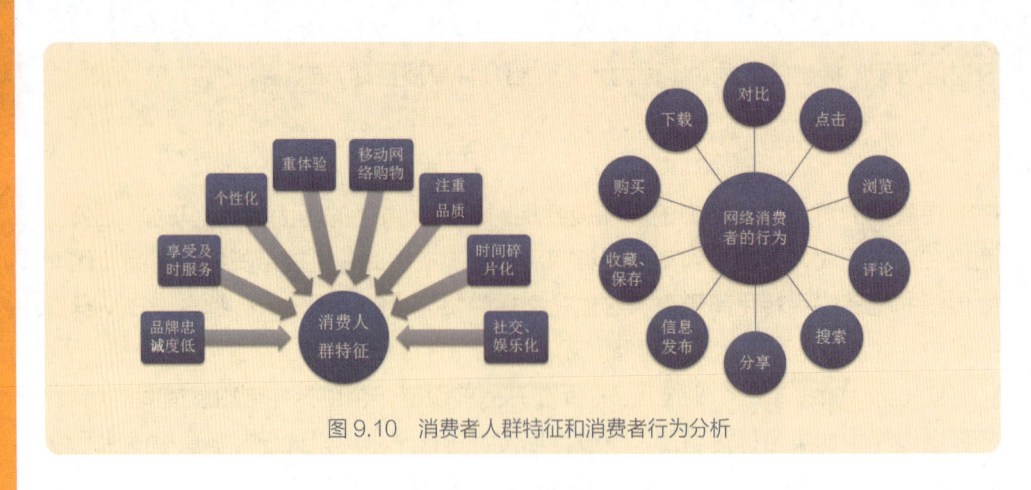

图 9.10　消费者人群特征和消费者行为分析

9.2.3　设置限量秒杀

主播实际上就是一名优秀的推销员，而作为一名直播商品推销员，最重要的任务就是提高直播间商品的转化率。如果没有完成这个任务，即便主播每天夜以继日地直播，也很难得到满意的结果，而一场限量秒杀活动就能让直播间的转化率瞬间提升，如图 9.11 所示。

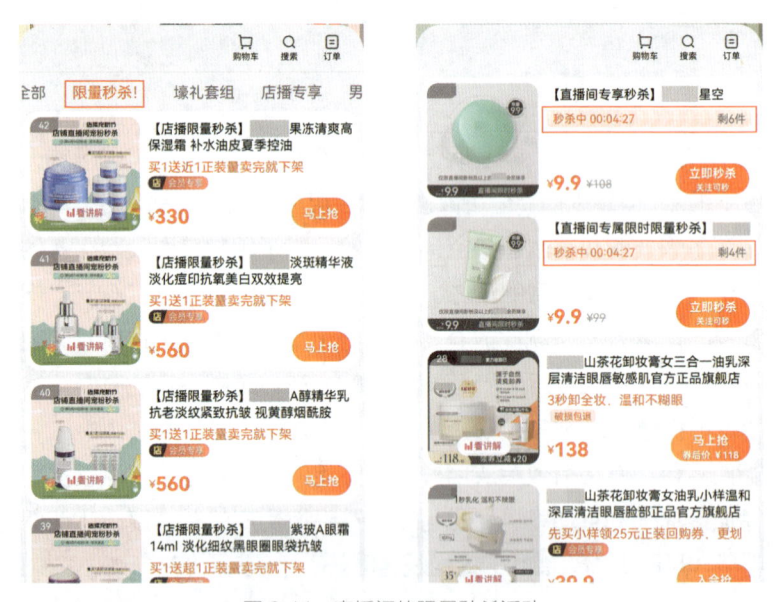

图 9.11　直播间的限量秒杀活动

当然，要想提高转化率，除了设置合适的活动之外，主播也要学会控制自己的情绪，要明白，主播的情绪是会影响商品转化率的，没有好情绪，就不会有好的转化。

如果主播自己的状态低沉、情绪不佳，就很难吸引正在观看直播的顾客和粉丝来购买自己推荐的商品，甚至会使这些粉丝退出直播间，这样的行为无疑是在减少自己的粉丝数量。

毕竟，在直播销售中，粉丝和主播之间是通过商品和主播自身魅力这种强有力的纽带进行连接的，而信任则是连接的桥梁，连接的强弱表明了粉丝对于主播的忠诚度。如果主播一直不能进行自我情绪管理，那么就很容易在与粉丝的相处过程中，消磨、丧失粉丝对自己的信任感和忠诚度。因此，主播在直播时需要时刻展现出积极向上的状态，这样可以感染每一个进入直播间的用户，同时也有利于树立起主播积极的形象。

另外，在直播中主播常常会碰到各种类型的用户，如图 9.12 所示。这些用户由于自身的原因，在看待事情的角度、立场上常常是截然不同的，那么就要求主播在带货过程中有针对性地进行引导并根据不同类型的用户进行自我情绪的管理。

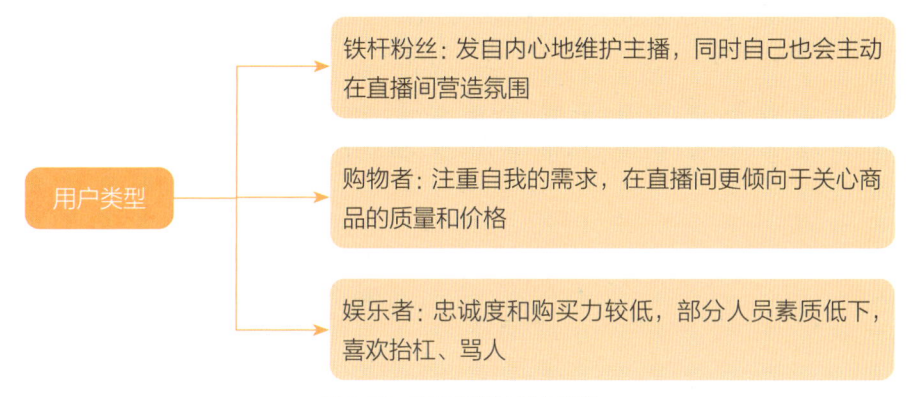

用户类型
- 铁杆粉丝：发自内心地维护主播，同时自己也会主动在直播间营造氛围
- 购物者：注重自我的需求，在直播间更倾向于关心商品的质量和价格
- 娱乐者：忠诚度和购买力较低，部分人员素质低下，喜欢抬杠、骂人

图 9.12　直播间里的用户类型

在面对自己的铁杆粉丝时，主播的情绪管理不用太苛刻，适当地和他们表达自己的烦恼，宣泄一点压力反而会更好地拉近和他们之间的关系。

在面对购物者类型的用户时，由于他们一般是以自我需求为出发点，很少会看重主播的人设或其他，只关心商品和价格，此时就需要主播展现出积极主动的情绪，解决他们的疑惑，同时要诚恳地介绍商品。

而在面对娱乐者类型的用户时，常常会出现部分素质较低的用户，他们可能以宣泄自己的负面情绪为主，会在直播间和主播抬杠，并且以此为乐。这时，主播如果进行情绪管理，对他们表示忍让是没有意义的，可以在向其他粉丝表示歉意后，请场控帮忙处理。

有了一个情绪高昂的主播，接下来我们来了解一下限量秒杀是如何调动粉丝情绪的。首先是"限量"，限量的意思是稀缺，物以稀为贵，往往库存量越少、价值越高的商品，吸引力就越大；其次是"秒杀"，产品的价值高，但是购买的时间少，与此同时你可能有上亿的竞争对手，还可能会遇到网络卡顿等问题。

限量秒杀的对象不仅仅是物品，也可能是红包、游戏的皮肤等。以商品为例，当一件商品的库存为500件，观看直播的人数为1000人时，A主播宣布秒杀时间为10min并告诉用户库存为500件；B主播同样给用户10min时间进行秒杀，但是告诉他们只有100件库存。在相同的时间里，试问哪位主播的营销效果会更好呢？肯定是B主播。因为当商品进行限量供应之后，可以提高消费者对商品的价值感知，有一种"买到就是赚到"的感觉。限量的意义不止于此，和一直稀缺的商品相比，先充足再稀缺的商品会更具有吸引力。

在此笔者依旧作一个假设：当一件商品的库存为500件，观看直播的人数为1000人时，A主播宣布秒杀时间为10min并告诉用户只有100件库存，那么在这种情况下，用户的状态一直都是很紧张的；而B主播先告诉用户商品的库存为500件，当放上购买链接之后，突然告诉用户，库存只剩下不到100件了，此时还在犹豫和观望的用户的购买欲就会马上被激发出来，迅速作出购买决策。这就是先充足再稀缺的意义，这种营销方式会使商品价值变得更高。

当然，不管采用哪种营销方式，商品的性价比永远排在第一位。主播与企业在进行"饥饿营销"时需根据自己的实际情况灵活运用，找到最适合自己直播间的方式，不能生搬硬套。

第 10 章

直播带货：借网红经济实现产品引爆

■ 学前提示

　　主播在短视频平台直播间带货时，如何把产品销售出去是整场直播的核心点。主播不仅要善于和用户进行互动、交流，同时还要通过活动和利益点抓住用户的消费心理，从而促使他们完成最后的下单行为。

■ 要点展示

　　提升销量：掌握用户购物路径
　　流量获取：有效提高直播带货收益
　　直播卖货：提升直播间的转化效果

10.1 提升销量：掌握用户购物路径

要想打动直播间观众的心，让他们愿意下单购买，主播需要先锻炼好自己的直播销售技能并掌握直播间用户的购物路径。本节以抖音盒子 App 为例，分享一些关于直播销售的心得体会，来帮助主播更好地进行直播卖货。

10.1.1 开启"抖音作品及电商直播间"功能

抖音盒子 App 可以说是抖音电商的一个重要卖货渠道，不仅完全对接了抖店的电商功能，而且还为抖音平台上的商品带来了更多的曝光机会。

对于普通用户或带货达人来说，想要入驻抖音盒子并在该平台上发布视频涨粉和开直播带货，可以直接在手机应用商店中搜索并下载抖音盒子 App，下载之后直接使用抖音账号登录，然后开启"抖音作品及电商直播间"功能即可。下面介绍相关的操作方法。

步骤 01 打开抖音盒子 App，进入"推荐"界面，点击"我的"按钮，如图 10.1 所示。

步骤 02 进入个人主页，点击"设置"按钮，如图 10.2 所示。

步骤 03 进入"设置"界面，选择"账号与安全"选项，如图 10.3 所示。

图 10.1 点击"我的"按钮　　图 10.2 点击"设置"按钮　　图 10.3 选择"账号与安全"选项

步骤 04 进入"账号与安全"界面，选择"信息管理"选项，如图 10.4 所示。

步骤 05 进入"信息管理"界面，选择"抖音作品及电商直播间"选项，如图 10.5 所示。

步骤 06 进入"抖音作品及电商直播间"界面，开启"抖音作品及电商直播间"功能，如图 10.6 所示。

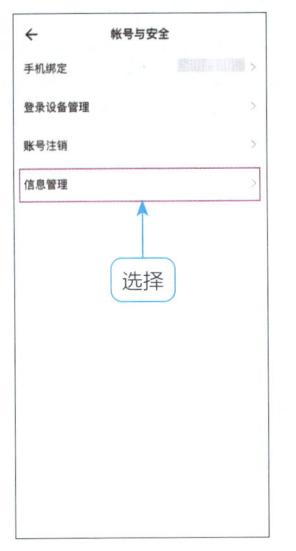

图 10.4　选择"信息管理"选项 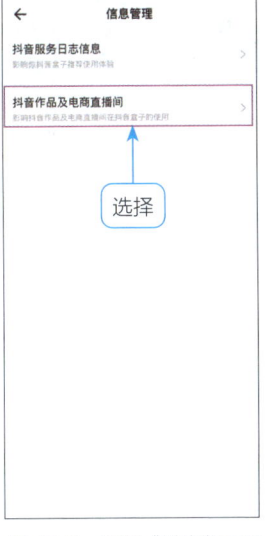　　图 10.5　选择"抖音作品及电商直播间"选项 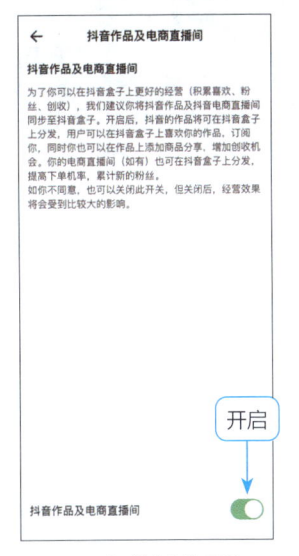　　图 10.6　开启"抖音作品及电商直播间"功能

10.1.2　同步显示抖音直播间

主播将抖音直播间同步显示到抖音盒子平台上后即可将抖音作品和电商直播间分发到抖音盒子平台，同时运营者可以在作品中添加商品，从而吸引粉丝关注和提高下单概率。

此外，同步显示抖音直播间还能帮助主播更好地与粉丝互动。在直播过程中，主播可以回答观众的问题、展示商品的特点和优势，以及分享自己的使用心得。这种互动不仅有助于提高粉丝的参与度和忠诚度，还能为主播带来更多的商业机会和收益。

对于电商直播间来说，同步显示抖音直播间也是一个非常有价值的推广渠道。通过抖音盒子平台，更多的人可以了解到商品的特点和优势，从而增加商品的销售量和品牌知名度。此外，通过在抖音盒子上展示直播间，电商直播间还可以获得更多的曝光和流量，进一步提升自己的商业价值。

10.1.3　优化直播间的点击率

从整个抖音盒子直播间的用户购物路径上进行分析，直播间用户的购物路径可以分为引流、主播吸引力和主播销售能力 3 个部分，如图 10.7 所示。

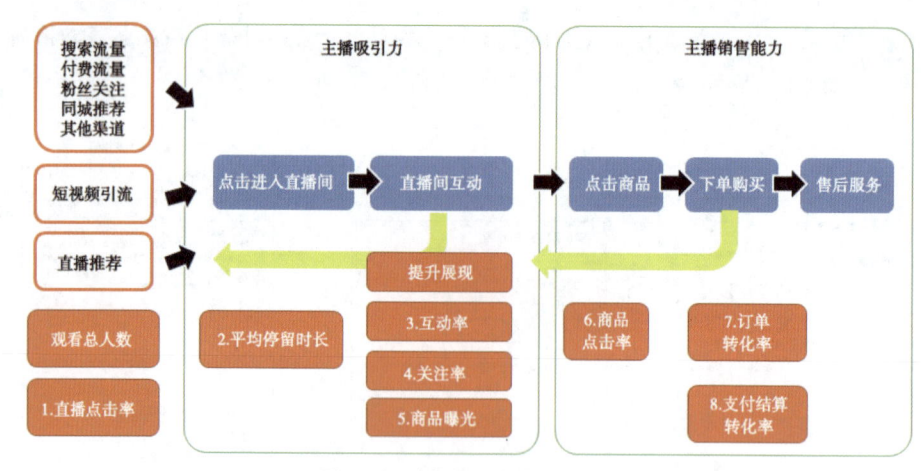

图 10.7 直播间用户的购物路径

首先，主播要从各个渠道提升直播间的曝光量，当直播间有了引流的通路后，还需要给用户一个点击的理由。在抖音盒子平台上，直播的入口随处可见，如"推荐""逛街"和搜索结果页等界面。有了曝光量和流量后，也就是说用户看到了你的直播间后，如何让他们主动点击进入直播间呢？最重要的是设置好直播间的封面和标题。

对于直播带货来说，用户最先看到的是直播间的封面和标题，只要这些内容能够让他们产生好的印象，就能够获得好的点击率。点击率是一个非常重要的指标，没有点击率，就谈不上用户的互动、关注和下单了。

下面介绍一些直播封面的优化技巧。

（1）版式设计：封面图片的整体版面要饱满，一目了然，商品图片的大小和位置要合适，不能有太多的空白。主播可以从多个角度展示商品，让用户更全面地了解商品。

（2）颜色设计：商品的颜色要醒目，要有视觉冲击力，同时和背景的颜色对比要明显，不要在图片中添加太多的颜色，否则会显得喧宾夺主，影响商品的表达。图 10.8 所示为粉色的服装和绿色的背景，层次分明，能够更好地突出商品。

（3）符合实际：图片中的商品不能过于设计化，要符合真实情况，同时切忌盗图和照本宣科。

（4）提炼卖点：在设计封面时，可以将产品卖点放进去，这样能够更好地吸引有需求的用户点击和购买，如图 10.9 所示。

图 10.8 正确的封面颜色设计示例　图 10.9 提炼卖点的封面设计示例

除了直播封面图外，标题和福利对于点击率的影响也非常大，如图 10.10 所示。优质的卖货直播间的标题需要明确直播主题，突出内容亮点。下面为卖货类直播标题的一些常用模板。

封面：能够将商品的用户痛点或者使用场景展现出来；能够展现商品的卖点或亮点，圈住精准的人群对象；图片的画质清晰，同时构图、色彩与光线均合理

标题：不仅要紧抓用户需求，而且要用一个精练的文案表达公式提升点击率

福利：刺激消费，促进用户转化

图 10.10 影响直播间点击率的主要因素

- 模板 1：使用场景 / 用户痛点 + 商品名称 + 功能价值。
- 模板 2：情感共鸣型标题，更容易勾起用户的怀旧心理或好奇心。
- 模板 3：风格特色 + 商品名称 + 使用效果。
- 模板 4：突出活动和折扣等优惠信息。

201

10.1.4 优化用户停留与互动

直播带货时提升用户停留时长和互动氛围是相当重要的，这些数据不仅可以提升直播间的热度，让平台给直播间导入更多的自然流量，而且用户观看直播的时间越长，就越容易下单购买，同时客单价也会越高。在提升直播间用户停留与互动时有图 10.11 所示的几个关键因素。

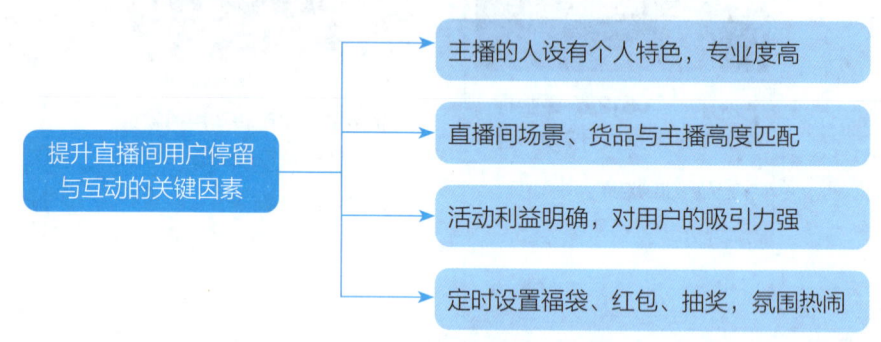

提升直播间用户停留与互动的关键因素：
- 主播的人设有个人特色，专业度高
- 直播间场景、货品与主播高度匹配
- 活动利益明确，对用户的吸引力强
- 定时设置福袋、红包、抽奖，氛围热闹

图 10.11 提升直播间用户停留与互动的关键因素

例如，主播可以引导用户加入自己的"粉丝团"，用户可以做任务增加与主播的亲密度并提升"粉丝团"等级，从而获得各种特权奖励，如图 10.12 所示。"粉丝团"是一个连接粉丝和主播的重要功能，是粉丝与主播关系紧密的有力见证，能够有效提升粉丝的停留时长和互动积极性，如图 10.13 所示。

图 10.12 "粉丝团"的特权奖励

图 10.13 直播间"粉丝团"功能

主播可以通过直播间提供的一些互动功能，来增加和用户的互动频率，这样不仅能够增强老粉丝的黏性，而且还可以迅速留住新进来的用户，同时有效引导关注和裂变新粉丝。例如，主播可以举行一些抽奖或秒杀活动提升直播间的人气，让现存的用户有所期待，愿意停留在直播间，甚至还可以激励用户分享直播间。

另外，主播还可以在直播间设计一些互动小游戏，来增加用户的停留时长，这样才能有更多的互动、点击、加购和转化的可能，同时还能为直播间吸引大量的"铁粉"。互动游戏可以活跃直播间的氛围，让用户产生信任感，从而有效吸粉和提升商品销量。

例如，刷屏抽奖是一种参与门槛非常低的直播间互动玩法，主播可以设计一些刷屏评论内容，如"关注主播抢××"等。当有大量用户开始刷屏评论后，主播即可倒计时截屏，并向用户放大展示手机的截图画面，告诉用户中奖的人是谁。

主播在通过刷屏抽奖活跃直播间的气氛前，要尽可能地让更多的用户参与，这个时候可以引导他们评论"扣1"，提醒其他用户注意。同时，主播要不断口播即将抽奖的时间，让更多用户参与到互动游戏中来。

10.1.5 优化带货产品转化率

优化转化率是指当用户进入直播间并长期停留后，如何让他达成更多的成交。主播需要熟悉直播间规则、直播产品以及店铺活动等知识，这样才能更好地将产品的功能、细节和卖点展示出来，以及解答用户提出的各种问题，从而引导用户在直播间下单。图10.14所示为直播间推荐产品的一个基本流程，能够让主播尽量将有效信息传递给用户。

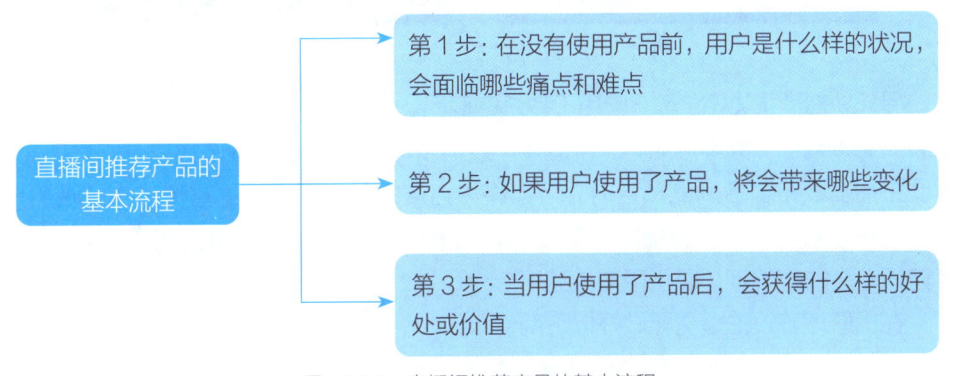

```
直播间推荐产品的    ┌─► 第1步：在没有使用产品前，用户是什么样的状况，
   基本流程        │       会面临哪些痛点和难点
                 │
                 ├─► 第2步：如果用户使用了产品，将会带来哪些变化
                 │
                 └─► 第3步：当用户使用了产品后，会获得什么样的好
                         处或价值
```

图10.14 直播间推荐产品的基本流程

同时，主播说话要有感染力，要保持充满激情的状态，营造出一种产品热卖的氛围，利用互动和福利引导真实的买家下单。

在抖音盒子的直播间中，用户的交易行为很多时候是基于信任主播而产生的，用户信任并认可主播，才有可能关注和购买产品。因此，主播可以在直播间将产品的工艺、产地以及品牌形象等内容展现出来，并展现品牌的正品和保障，为产品带来更好的口碑，赢得广大用户的信任。

例如，在下面这个卖蛋挞产品的直播间中，主播不仅详细地介绍了蛋挞的制作方法，同时还将包装盒拿到镜头前，详细地介绍产品的品牌、保质期和厂家等信息，让观众对产品更加放心，增加他们下单的信心，如图 10.15 所示。

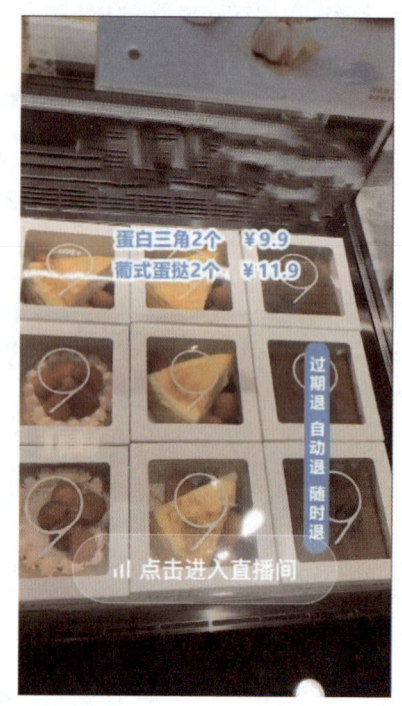

图 10.15 蛋挞产品的直播间示例

另外，主播可以多准备一些用于秒杀的商品，在直播过程中可以不定时推出秒杀、福袋、满减或优惠券等活动，来刺激用户及时下单，提高转化率。

主播在发布直播间的预告时，可以将大力度的优惠活动作为宣传噱头，吸引用户准时进入直播间。在直播的优惠环节，主播可以推出一些限时限量的优惠商品或者直播专属的特价等，吸引用户快速下单。

在优惠环节，主播需要做好以下两件事。

（1）展现价格优势。通过前期一系列的互动和秒杀活动吊足用户的胃口后，此时主播可以宣布直播间的超大力度优惠价格，通过特价、赠品、礼包、折扣以及其他增值服务等让用户产生"有优惠，赶紧买"的消费心理，引导用户下单。

（2）体现促销力度。主播可以在优惠价格的基础上，再次强调直播间的促销力度，如前 ×× 名下单的粉丝额外赠送 ×× 礼品、随机免单以及满减折扣等，并且不断对比商品的原价与优惠价格，同时反复强调直播活动的期限、倒计时时间和名额有限等，营造出产品十分畅销的氛围，让用户产生"机不可失，时不再来"的消费心理，促使犹豫的用户快速下单。

10.1.6 优化直播间的复购率

对于那些带货时间长的主播来说，肯定都知道维护老客户提升复购率的重要性。通常情况下，开发一个新客户需要花费的成本（包括时间成本和金钱成本）等于维护 10 个老客户的成本。然而，新客户为你带来的收入往往比不上老客户。因此，主播需要通过口碑的运营做好老客户的维护工作，这样不仅可以让他们更信任你，而且还会给你带来更多的效益。图 10.16 所示为维护老客户的主要作用。

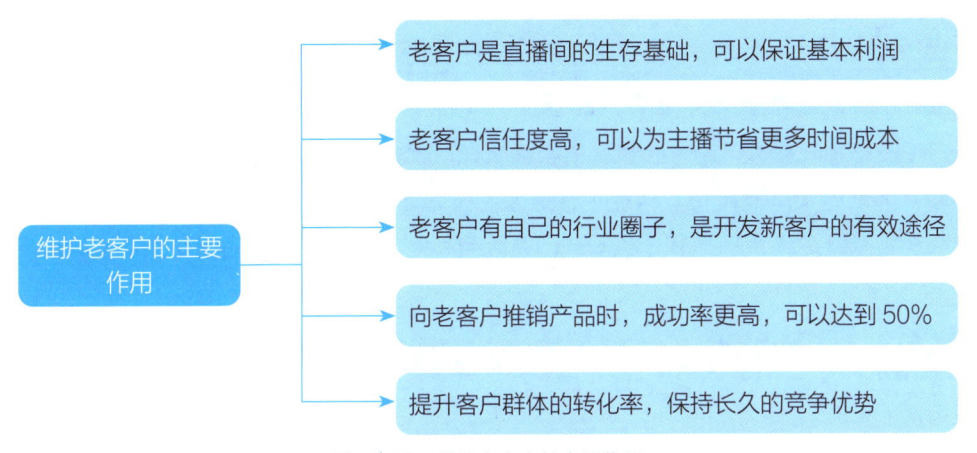

```
                     ┌─► 老客户是直播间的生存基础，可以保证基本利润
                     │
                     ├─► 老客户信任度高，可以为主播节省更多时间成本
                     │
 维护老客户的主要作用 ─┼─► 老客户有自己的行业圈子，是开发新客户的有效途径
                     │
                     ├─► 向老客户推销产品时，成功率更高，可以达到 50%
                     │
                     └─► 提升客户群体的转化率，保持长久的竞争优势
```

图 10.16　维护老客户的主要作用

老客户都是已经在直播间下过单或者熟悉主播的人，他们对于主播有一定的了解，主播可以进行定期维护，让老客户知道你一直关心和在乎他们，来促进他们的二次消费。不管是哪个行业，主播都可以通过快速吸粉引流短暂地增加产品销量，但是如果你想要获得长期稳定的发展，并且形成品牌效应或者打造个人 IP，那么维护老客户是必不可少的一环。因此，主播需要了解用户的需求和行为，做好老客户的维护工作，将潜在用户转化成忠实粉丝，相关技巧如图 10.17 所示。

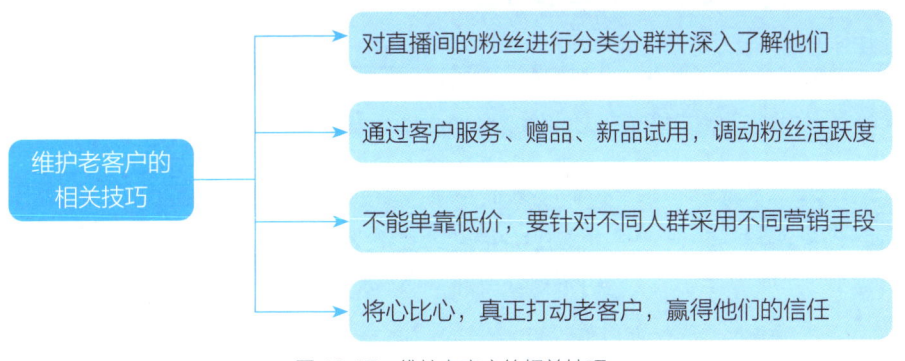

```
                   ┌─► 对直播间的粉丝进行分类分群并深入了解他们
                   │
                   ├─► 通过客户服务、赠品、新品试用，调动粉丝活跃度
 维护老客户的相关技巧 ┤
                   ├─► 不能单靠低价，要针对不同人群采用不同营销手段
                   │
                   └─► 将心比心，真正打动老客户，赢得他们的信任
```

图 10.17　维护老客户的相关技巧

抖音盒子的运营重点在于利用各种社交平台提高老客户的黏性和复购率，这也

是突围流量困境的方式。这是因为在用户的社交圈中，大家都是相互认识的熟人，彼此的互动交流机会更多，信任度也更高，这个特点是站内流量不具有的。

在用户社群中，用户的活跃度明显更高，而且主播可以创造与用户对话的二次机会。主播可以使用微信公众号、个人号、朋友圈、小程序和社群等渠道对私域流量池中的老客户进行二次营销，提高用户复购率，实现粉丝变现。

另外，基于抖音而衍生出来的抖音盒子，在营销过程中还可以加入更多的社交元素，让产品信息在用户的社交圈进行扩散和宣传，这对于主播的推广成本会有明显的降低作用。

> **专家提醒**
>
> 二次营销还有一个更加通俗易懂的名称，那就是"用户经营"，在如今这个新客户占比逐步降低的电商环境下，老客户的重要性日渐凸显。需要注意的是，二次营销必须建立在用户满意度之上，否则无法提高用户忠诚度。

10.2　流量获取：有效提高直播带货收益

在运营直播间的过程中，运营者必须掌握一些引流方法，这不仅可以提高内容的曝光量，而且可以有效地提高直播带货的收益。本节以抖音盒子 App 为例为大家介绍几种常见的引流方法。

10.2.1　口碑引流

抖音盒子平台会根据运营者的带货情况进行口碑的评估，并且当运营者的带货口碑比较好（即用户的好评多）时，还会在"首页"界面中显示其带货口碑超过同行的比例。因此，那些带货口碑比较好的运营者会获得更多流量。

在抖音盒子平台上，运营者们需要注重口碑的积累和提升，通过提供优质产品、保持真诚可信的态度、建立品牌形象、重视用户反馈、持续改进和创新等技巧来提升自己的带货口碑，从而获取更多的流量并提高用户信任度，相关技巧如图 10.18 所示。

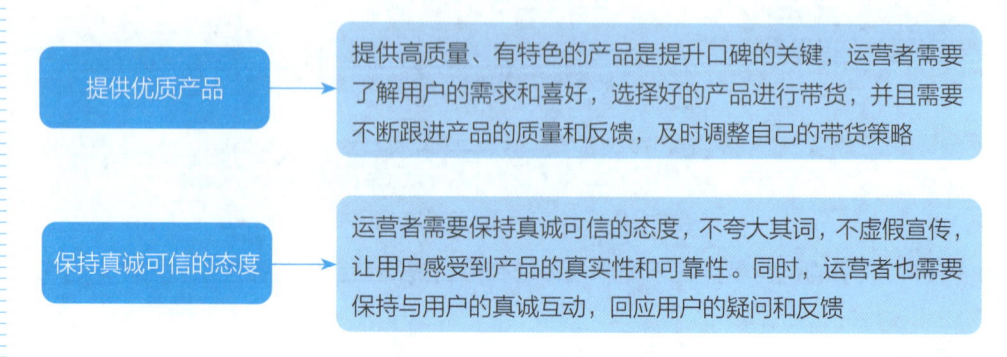

提供优质产品	提供高质量、有特色的产品是提升口碑的关键，运营者需要了解用户的需求和喜好，选择好的产品进行带货，并且需要不断跟进产品的质量和反馈，及时调整自己的带货策略
保持真诚可信的态度	运营者需要保持真诚可信的态度，不夸大其词，不虚假宣传，让用户感受到产品的真实性和可靠性。同时，运营者也需要保持与用户的真诚互动，回应用户的疑问和反馈

| 建立品牌形象 | → | 运营者需要建立自己的品牌形象，包括提供优质的产品和服务、打造独特的品牌风格、树立积极向上的品牌价值观等。一个良好的品牌形象能够提高用户对产品的信任度和忠诚度 |

| 重视用户反馈 | → | 用户反馈是提升口碑的重要途径，运营者需要及时回应用户的评论和评价，了解用户对产品和服务的满意度和建议，并且根据反馈调整自己的带货策略和产品质量 |

| 持续改进和创新 | → | 运营者需要不断改进和创新自己的带货策略和产品，保持与用户的互动和黏性，满足用户不断变化的需求，同时也需要积极寻找合作伙伴和资源，扩大自己的影响力和口碑 |

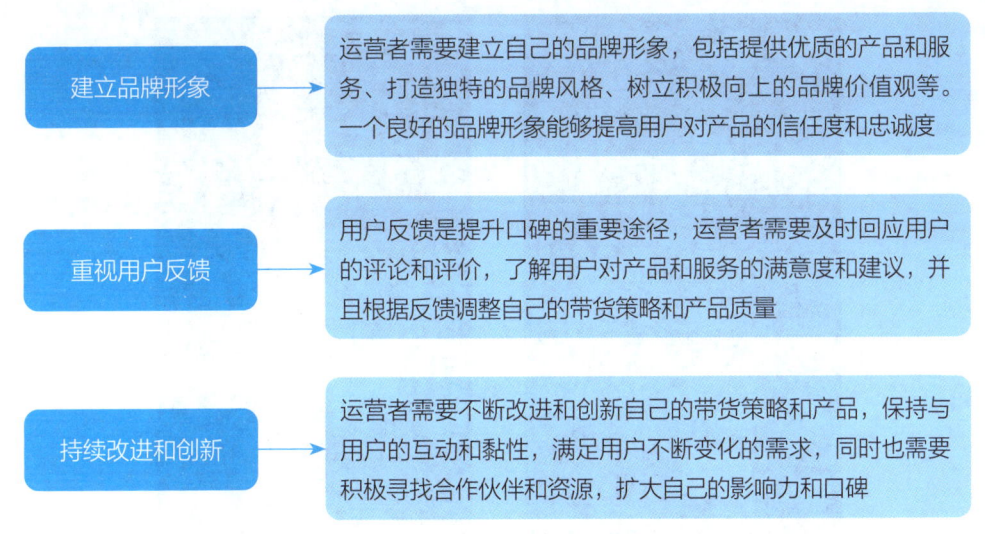

图 10.18　口碑引流的相关技巧

当然，为了提高自身的带货口碑，运营者还需要做好选品、商品讲解和售后等工作，让用户享受良好的购物过程，这样才能让更多用户给出好评。

10.2.2　账号引流

运营者可以合理地利用自己的账号进行引流，利用抖音盒子的流量并创建专门的社群，构建自己的私域流量池。例如，可以在账号简介中展示自己的联系方式，等用户添加联系方式之后，运营者可以将其拉入社群，让用户成为自己的私域流量。

当然，运营者也可以换一下思路，在其他平台中展示抖音盒子账号的相关信息，增加抖音盒子账号的曝光量，让更多用户看到账号并主动查看账号中的内容。因为正在进行直播的账号其个人主页界面中的头像处会带有一个紫色的边框，所以如果用户对直播内容感兴趣就会点击其账号头像，进入直播间界面，这样进行直播自然就能获得更多流量。

10.2.3　红包引流

红包引流就是通过发送红包吸引用户的关注，让用户看到红包之后，在直播间中停留更长的时间。具体来说，运营者可以通过如下操作在直播间中发送红包，增加用户的停留时长。

步骤 01　进入抖音盒子的直播界面，点击界面下方的 ••• 按钮，如图 10.19 所示。

步骤 02　弹出"更多"面板，点击面板中的"礼物"按钮，如图 10.20 所示。

图 10.19　点击相应的按钮　　　图 10.20　点击"礼物"按钮

步骤 03 弹出"礼物"面板，点击面板中的"红包"按钮，如图 10.21 所示。

步骤 04 执行操作后，❶ 选择红包的种类；❷ 选中红包可领取时间前面的单选按钮；点击"发红包"按钮，如图 10.22 所示。

步骤 05 执行操作后，直播间中会出现 🧧 按钮，并且会显示可抢红包的倒计时，如图 10.23 所示。

图 10.21　点击"红包"按钮　　图 10.22　点击"发红包"按钮　　图 10.23　出现相应的按钮

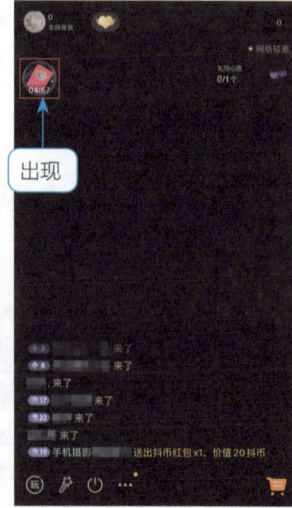

> **专家提醒**
>
> 无论发送哪种红包，都需要支付一定的抖币（抖音盒子平台中流通的虚拟货币），而抖币又需要用钱来购买。所以，发红包是需要付出一些成本的，如果用于营销推广的资金比较有限，为了控制成本，需要适当地控制发红包的频率。

10.2.4 福袋引流

福袋中包含了直播礼物或抖币，所以一部分用户看到福袋之后，都会选择参与福袋活动。

另外，运营者还可以设置参与福袋的方式，引导用户分享直播间，从而达到引流的目的。具体操作步骤如下。

步骤 01 进入抖音盒子的直播界面，点击界面下方的 ◎ 按钮，如图 10.24 所示。

步骤 02 弹出"互动玩法"面板，点击面板中的"福袋"按钮，如图 10.25 所示。

步骤 03 弹出"抖币福袋"面板，点击"参与方式"右侧的"口令参与"按钮，如图 10.26 所示。

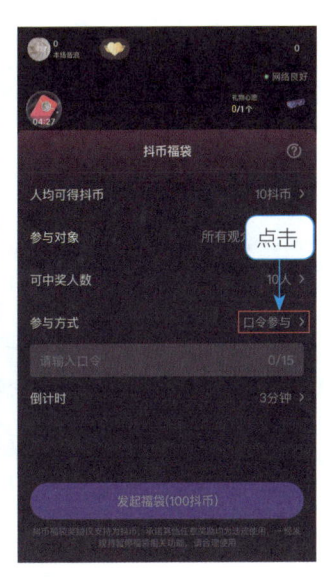

图 10.24　点击相应的按钮　　图 10.25　点击"福袋"按钮　　图 10.26　点击"口令参与"按钮

步骤 04 执行操作后，❶ 选择"分享直播间参与"选项；❷ 点击"确定"按钮，如图 10.27 所示。

步骤 05 执行操作后，"参与方式"的右侧会显示"分享直播间参与"按钮，点击"发起福袋（100 抖币）"按钮，如图 10.28 所示。

步骤 06 执行操作后，直播间中会出现 ◎ 按钮，并且会显示福袋开奖的倒计时，

209

如图 10.29 所示。

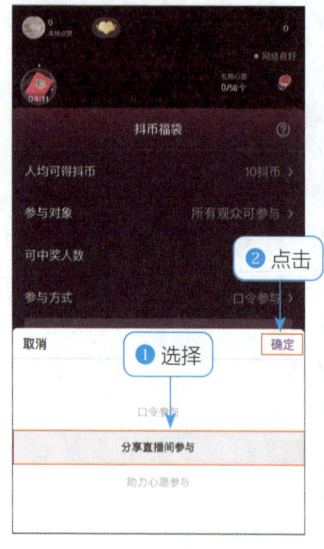

图 10.27　点击"确定"按钮 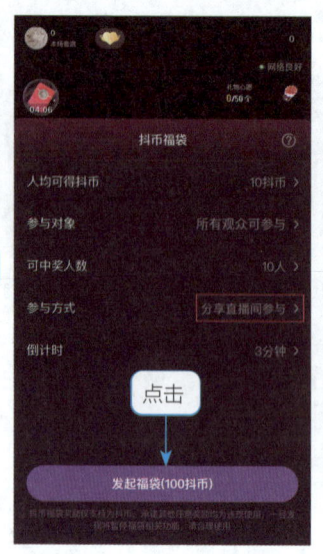　　图 10.28　点击"发起福袋（100 抖币）"按钮 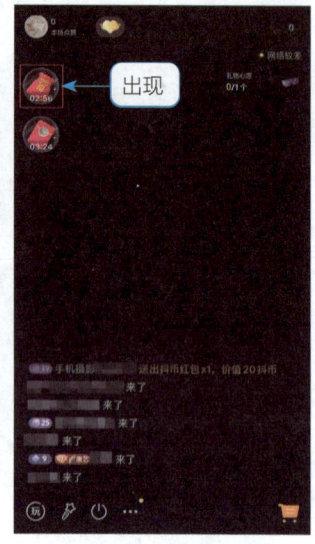　　图 10.29　直播间中出现相应的按钮

> **专家提醒**
>
> 　　红包是所有用户都可以抢的，而福袋则可以设置参与方式，只有满足条件的用户才可以获得参与资格。因此，相比之下，福袋引流通常更有针对性。

10.2.5　搜索引流

　　部分用户会通过搜索关键词查找直播，对此，运营者可以通过标题的设置增加直播被搜索到的概率，从而提高直播的曝光量，让更多用户进入直播间。

　　具体来说，在搜索引流的过程中，运营者需要从两个方面把握直播标题：一是直播标题中要包含用户的搜索关键词，这样你的直播才更容易被目标用户看到；二是直播标题对用户要足够有吸引力，这样用户看到直播标题之后，才会愿意进入你的直播间。

　　例如，某用户在抖音盒子上搜索"床单三件套"时，他在搜索结果中找到并点击了你的店铺商品，而你却没有做任何宣传广告，这就是免费的自然搜索流量，如图 10.30 所示。运营者在设计商品标题时，可以采用包含性规则，也就是说商品标题中必须包含某个关键词，才能被用户搜到。

图 10.30　搜索引流示例

10.3　直播卖货：提升直播间的转化效果

很多商家或主播看到别人的直播间中爆款多、销量高，难免会心生羡慕。其实，只要用对方法，你也可以提升直播间的转化效果，打造出自己的爆款产品。本节主要介绍直播卖货常用的促单技巧。

> **专家提醒**
>
> 爆款是所有商家追求的产品，显而易见，其主要特点就是非常火爆，具体表现为流量高、转化率高、销量高。不过，爆款通常并不是店铺的主要利润来源，因为大部分爆款都是性价比比较高的产品，这些产品的价格相对来说比较低，因此利润空间也非常小。

10.3.1　直击用户痛点的产品

虽然抖音盒子的直播间的主要目的是卖货，但是单一的内容形式难免会让用户觉得无聊。因此，主播可以根据用户痛点给用户带来一些有趣、有价值的内容，提升用户的兴趣和黏性。

直播时并不是要一味地吹嘘产品的特色卖点，而是要解决用户的痛点，这样他们才有可能在你的直播间中驻足。很多时候，并不是主播提炼的卖点不够好，而是因为主播认为的卖点不是用户的痛点所在，并不能满足用户的需求，所以对用户来说自然就没有吸引力了。当然，前提是主播要做好直播间的用户定位，明确用户是

211

追求特价，还是追求品质，或者是追求实用技能，以此来指导优化直播内容。

主播对产品要有亲身体验并告诉用户自己的使用感受，同时还可以列出真实用户的买家秀图片、评论截图或短视频等内容，这样有助于杜绝虚假宣传的情况。图 10.31 所示为某主播在直播间亲自试用美甲产品，给用户展示产品的使用方法和卸除方法，以及使用后的效果。

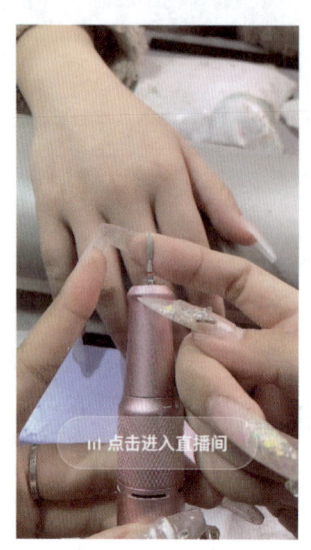

图 10.31 美甲产品的直播间示例

痛点，就是用户需要解决的问题，如果他们没有解决这个痛点，就会很痛苦。用户为了解决自己的痛点，一定会主动寻求解决办法。相关研究显示，每个人在面对自己的痛点时，是最有行动效率的。

大部分用户进入直播间，就表明他们在一定程度上对直播间是有需求的，即使当时的购买欲望不强烈，但是主播完全可以通过抓住用户的痛点，让购买欲望不强烈的用户也采取下单行为。

主播在提出痛点的时候需要注意，只有与用户的"基础需求"有关的问题才算是他们的真正痛点。"基础需求"是一个人最根本和最核心的需求，这个需求没解决的话，人的痛苦会非常明显。

主播要先在直播间中营造出用户对产品的需求氛围，然后再去展示要推销的产品。在这种情况下，用户的注意力会更加集中，同时他们的心情甚至会有些急切，希望快点解决自己的痛点。

通过这种价值的传递，可以让用户对产品产生更大的兴趣。当用户对产品有进一步了解的欲望后，主播就需要和他们建立起信任关系。主播可以在直播间与用户聊一些产品的相关知识和技能，或者提供一些专业的使用建议，来增加用户对自己的信任。

总之，痛点就是通过对人性的挖掘，来全面解析产品和市场；痛点就是正中用户的下怀，使他们对产品和服务产生渴望和需求。痛点就潜藏在用户的身上，需要商家和主播去探索和发现。"击中要害"是把握痛点的关键所在，因此主播要从用户的角度出发进行直播带货并多花时间研究和找准用户痛点。

10.3.2 营造产品的抢购氛围

直播间的互动环节的主要目的在于活跃气氛，让直播间变得更有趣，避免产生尴尬场的状况。主播可以多准备一些与用户进行互动交流的话题，可以从两方面找话题，如图10.32所示。

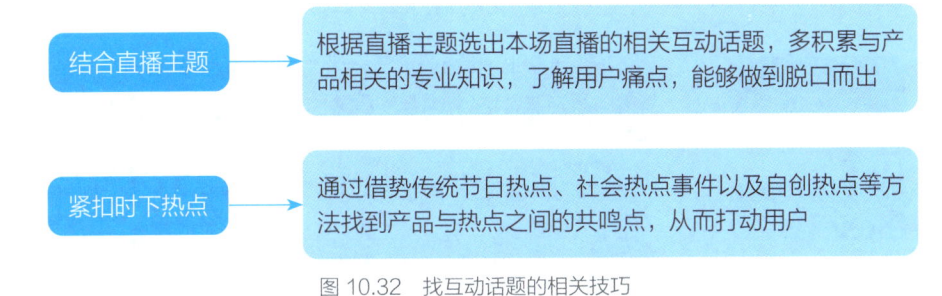

| 结合直播主题 | → | 根据直播主题选出本场直播的相关互动话题，多积累与产品相关的专业知识，了解用户痛点，能够做到脱口而出 |
| 紧扣时下热点 | → | 通过借势传统节日热点、社会热点事件以及自创热点等方法找到产品与热点之间的共鸣点，从而打动用户 |

图10.32 找互动话题的相关技巧

除了互动话题外，主播还可以策划一些互动活动，如红包和免费抽奖等，不仅能够提升用户参与的积极性，而且还可以实现裂变引流。另外，主播还可以在助播和场控的帮助下，营造产品的稀缺抢购氛围，提升用户下单的积极性。

1. 助播的作用

助播简单理解就是帮助主播完成一些直播工作，也可以称为主播助理，具体工作内容如图10.33所示。

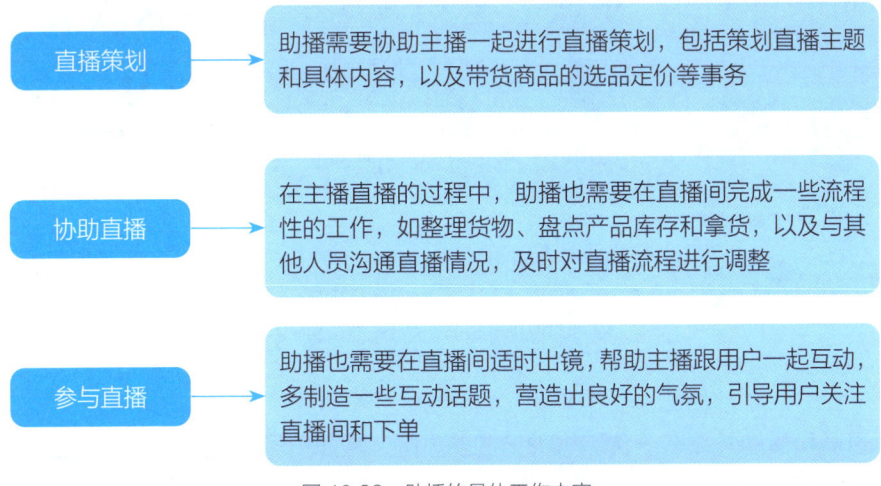

直播策划	→	助播需要协助主播一起进行直播策划，包括策划直播主题和具体内容，以及带货商品的选品定价等事务
协助直播	→	在主播直播的过程中，助播也需要在直播间完成一些流程性的工作，如整理货物、盘点产品库存和拿货，以及与其他人员沟通直播情况，及时对直播流程进行调整
参与直播	→	助播也需要在直播间适时出镜，帮助主播跟用户一起互动，多制造一些互动话题，营造出良好的气氛，引导用户关注直播间和下单

图10.33 助播的具体工作内容

如果主播的粉丝量非常大，达到了几十万以上，而且粉丝的活跃度非常高，就需要增加一些助播。一个助播每天也可以协助多个主播，从而获得更多收入。

2. 场控的作用

对于主播来说，直播间的场控是一个炒热气氛的重要岗位，需要帮助主播控制直播间的节奏，解决一些突发状况。直播间场控的具体要求如图 10.34 所示。

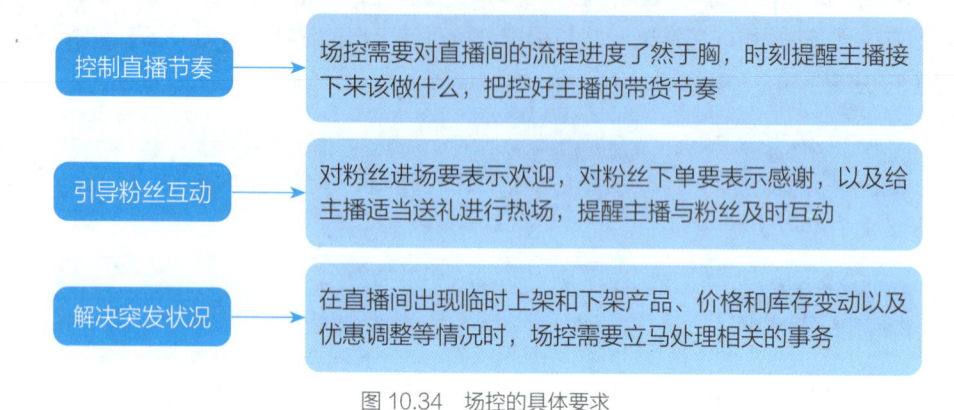

控制直播节奏	场控需要对直播间的流程进度了然于胸，时刻提醒主播接下来该做什么，把控好主播的带货节奏
引导粉丝互动	对粉丝进场要表示欢迎，对粉丝下单要表示感谢，以及给主播适当送礼进行热场，提醒主播与粉丝及时互动
解决突发状况	在直播间出现临时上架和下架产品、价格和库存变动以及优惠调整等情况时，场控需要立马处理相关的事务

图 10.34 场控的具体要求

3. 活跃直播间氛围的技巧

在抖音盒子直播间中，主播除了要充分展示产品的卖点外，还需要适当地发挥自己的个人优势，利用一些直播技巧活跃直播间的氛围，从而提升用户的黏性和转化效果，相关技巧如图 10.35 所示。

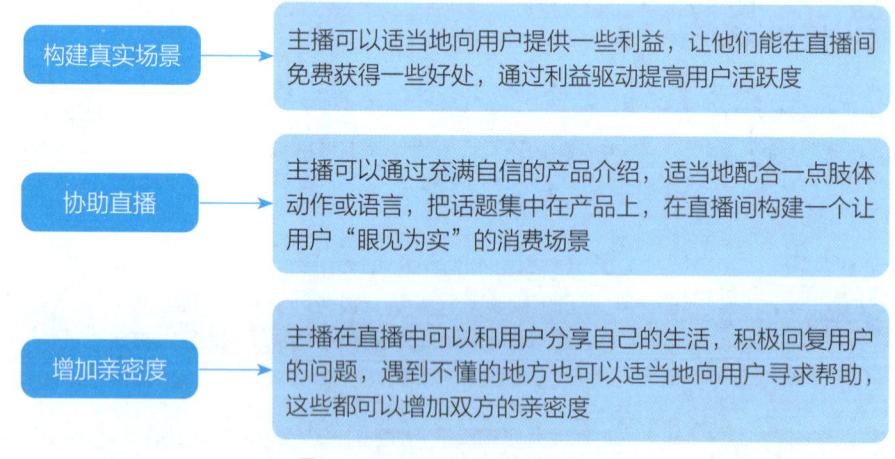

构建真实场景	主播可以适当地向用户提供一些利益，让他们能在直播间免费获得一些好处，通过利益驱动提高用户活跃度
协助直播	主播可以通过充满自信的产品介绍，适当地配合一点肢体动作或语言，把话题集中在产品上，在直播间构建一个让用户"眼见为实"的消费场景
增加亲密度	主播在直播中可以和用户分享自己的生活，积极回复用户的问题，遇到不懂的地方也可以适当地向用户寻求帮助，这些都可以增加双方的亲密度

图 10.35 活跃直播间氛围的技巧

直播卖货的关键在于营造一种抢购的氛围，从而引导用户下单，相关的促单技巧如图 10.36 所示。

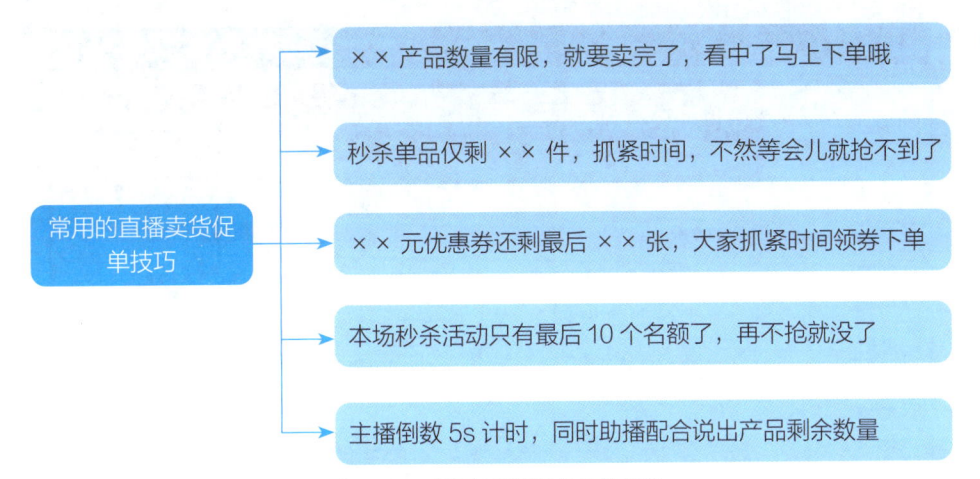

常用的直播卖货促单技巧
- ××产品数量有限，就要卖完了，看中了马上下单哦
- 秒杀单品仅剩××件，抓紧时间，不然等会儿就抢不到了
- ××元优惠券还剩最后××张，大家抓紧时间领券下单
- 本场秒杀活动只有最后10个名额了，再不抢就没了
- 主播倒数5s计时，同时助播配合说出产品剩余数量

图10.36 常用的直播卖货促单技巧

其实，直播卖货的思路非常简单，无非就是"重复引导（关注、分享）+互动介绍（问答、场景）+促销催单（限时、限量与限购）"，主播只要熟练使用这个思路即可轻松在直播间卖货。

10.3.3 选择合适的带货主播

要想成为一名具有超高人气的主播，专业能力是必不可少的。在竞争日益激烈的直播行业，主播只有培育好自身的专业能力，才能在直播这条道路上走得更远。

主播需要足够了解自己带货的商品，掌握商品的相关信息，能够准确地说出商品的优势和长处，这样在直播的过程中才不会出现无话可说的局面。同时，主播还要学会认识自己的粉丝，最好记住他们的喜好，从而有针对性地向他们推荐商品。

在抖音盒子平台上，很多商家并没有直播经验，因此在直播带货时效果并不好，此时即可考虑寻找高流量的优质带货主播进行合作。

寻找主播资源的渠道除了孵化网红主播的机构和各大直播平台的达人主播外，商家还可以通过抖音电商平台的达人广场、达人招商、达人榜单、绑定直播基地、星选撮合等渠道与达人合作。

例如，团长招商是一个帮助商家快速找到带货达人的平台，商家可以选择满足条件的商品直接报名，让爆单变得更容易，具体操作方法如下。

步骤 01 进入"抖店丨营销中心"页面，在左侧的导航栏中选择"精选联盟"栏中的"团长招商"选项，如图10.37所示。

图 10.37　选择"团长招商"选项

步骤 02 进入巨量百应平台的"团长招商"活动页面，❶商家可以通过"招商类目"和"活动类型"等功能筛选出合适的招商团长，通过查看预估平均成交交易额评估团长的实力；❷单击"立即报名"按钮，如图 10.38 所示。

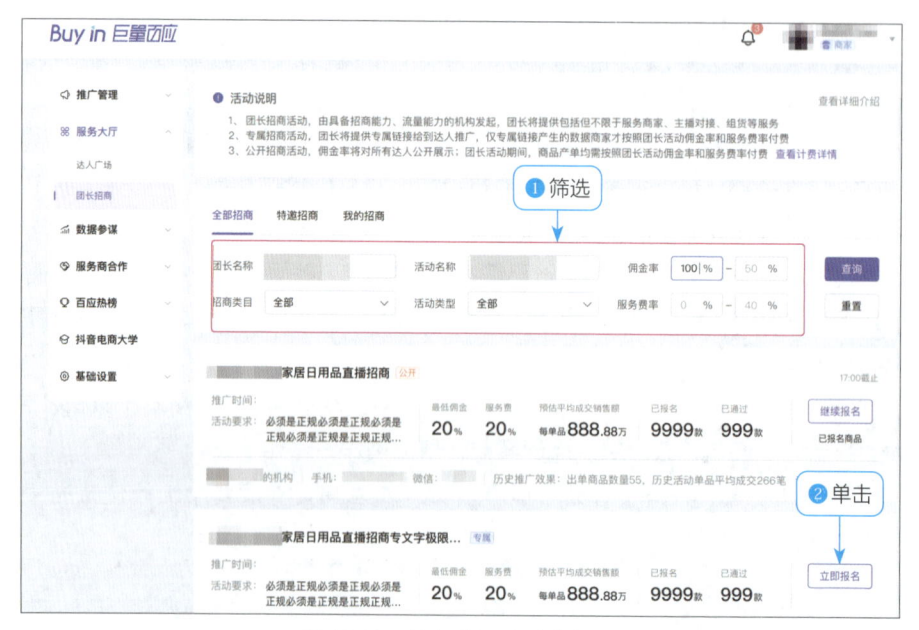

图 10.38　单击"立即报名"按钮

步骤 03 选择相应的商品报名后，打开"商品报名"对话框，需要设置活动商品的佣金率、服务费率、价格、库存、赠品以及联系电话等，如图10.39所示。设置完成后，同意服务协议并单击"报名"按钮即可。

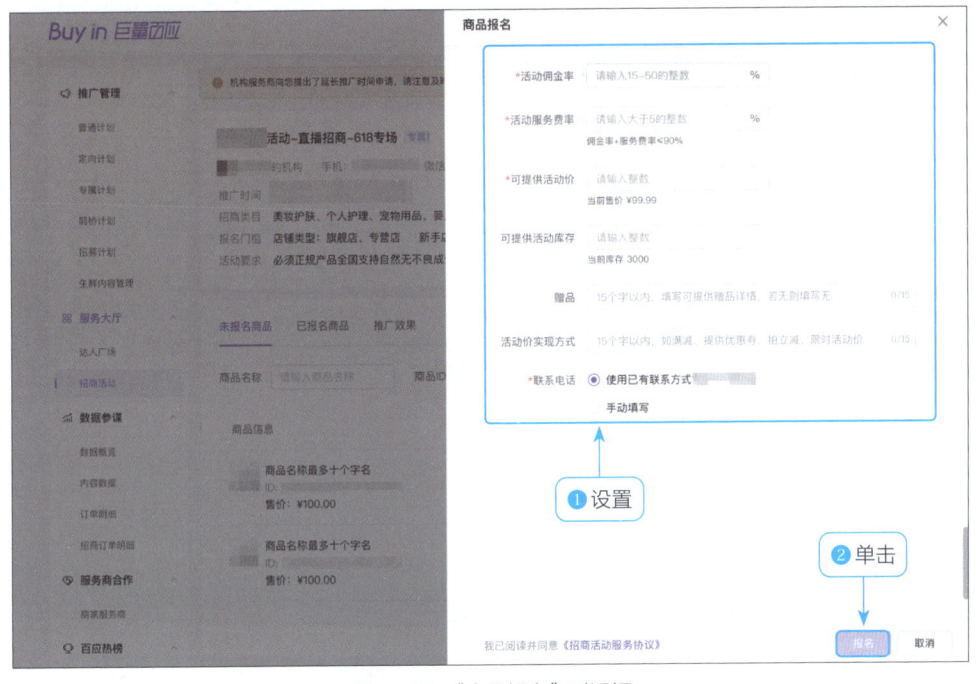

图 10.39 "商品报名"对话框

> **专家提醒**
>
> 　　需要注意的是，没有达到报名门槛的商家无法进行报名，若商家达到报名门槛但是商品非招商类目，则为该商品单击"报名"按钮后，将出现"商品类目不符合条件"的提示。

步骤 04 报名成功后，团长会对活动商品进行审核，通过后才会生效。此时商家可以进入"团长招商"页面的"推广效果"选项卡中查看推广效果，如图10.40所示，在这里会显示推广商品数、支付订单量等信息。

　　抖音盒子的电商直播间不同于抖音的短视频直播，抖音的短视频直播可能会经常跨品牌和类目进行带货，而抖音盒子要求主播深入了解自己带货的商品。

　　另外，商家在选择主播时或者将自己打造为店铺主播时，还有一些基本要求，具体如图10.41所示。

图 10.40 查看推广效果

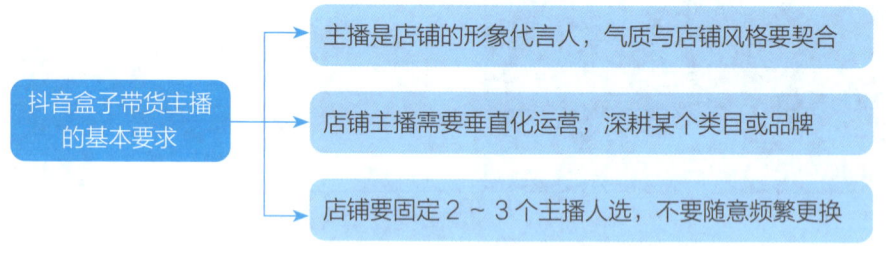

图 10.41 抖音盒子带货主播的基本要求

- 主播是店铺的形象代言人，气质与店铺风格要契合
- 店铺主播需要垂直化运营，深耕某个类目或品牌
- 店铺要固定 2～3 个主播人选，不要随意频繁更换

在抖音盒子平台上，主播通常包括以下 3 类人群，其优缺点如图 10.42 所示。

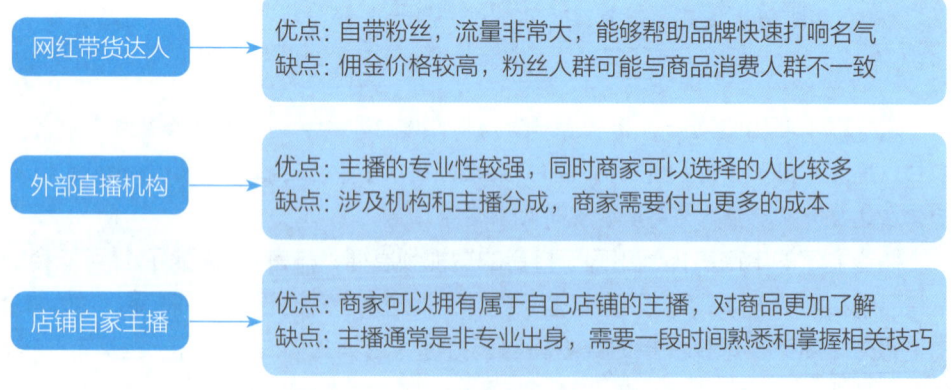

网红带货达人
优点：自带粉丝，流量非常大，能够帮助品牌快速打响名气
缺点：佣金价格较高，粉丝人群可能与商品消费人群不一致

外部直播机构
优点：主播的专业性较强，同时商家可以选择的人比较多
缺点：涉及机构和主播分成，商家需要付出更多的成本

店铺自家主播
优点：商家可以拥有属于自己店铺的主播，对商品更加了解
缺点：主播通常是非专业出身，需要一段时间熟悉和掌握相关技巧

图 10.42 不同类型主播的优缺点

由于抖音盒子推出的时间并不长，平台上的主播也比较少，因此很多店铺可

能一时无法找到合适的主播。此时，商家可以试着自己开播，因为只有商家才最了解自己店铺中的商品。笔者认为，电商直播不同于以往的秀场直播，即使主播没有好的形象，但是只要能够坚持为消费者提供物美价廉的商品，成功也会变得指日可待。